アセンデッドマスターより、光のメッセージ

穴口恵子＆アシュタール＝テリー・サイモンズ
チャネリングセッションの記録

Clover
クローバー出版

Messages

from the Ascended Masters.

Keiko Anaguchi
&
Terrie Symons

はじめに

この本は、レディ・アシュタールをチャネリングするテリー・サイモンズさんと、アセンデッドマスターたちをチャネリングする穴口恵子が、アセンションに向けて今人類が最も必要なことは何かを伝えていく、1日ワークショップを通して作られたものです。

テリー・サイモンズさんは、完全に変性意識となってレディ・アシュタールを肉体に招き、チャネリングをする方です。レディ・アシュタールとは、金星の意識を持ち、地球に愛と平和をもたらす存在です。

私（穴口恵子）は、多次元チャネラーで、アセンデッドマスターたちが地球や人類にメッセージや癒やしをもたらすための代弁者となっています。

テリー・サイモンズさんと私がアセンデッドマスターと対話をしながら、「これからの地球と人類が直面するカオス（混沌）は、アセンション（次元上昇）への兆しである」と聞かされました。

そして、その混沌をくぐり抜けるために何が必要なのか？

それを明らかにしていく中で、地球と人類が共同創造の中で、愛と平和に覚醒した日々を送ることだと気づいたのです。そして、この1日ワークショップが開催されました。

まさか、このワークショップが開催された時には、コロナウイルス感染症拡大防止のために、世界中が封鎖されたり、日本中が緊急事態宣言下になるなど思いもよらないことでしたが、この出来事もスピリチュアルな視点から見れば、アセンションのプロセスの一環であるとアセンデッドマスターたちは教えてくれました。

アフターコロナの時代に、ひとりひとりが愛に覚醒し、神聖な存在である自分自身と繋がって、新しく進化した地球で生きるために、レディ・アシュタールをはじめアセンデッドマスターたちが集い、愛のメッセージや愛に回帰するワークがこの本には残されています。

本書が、読者のあなた自身が、愛そのものであることを思い出させ、その愛の周波数を通して、新しい次元の地球人となることを助け、さらに自由に、豊かに、幸せな人生へと導いてくれることでしょう。

あなたが、アセンデッドマスターと本書を通して繋がり、愛と平和があなたの人生に訪れるよう、心から願っています。

穴口恵子

この地球で、遊びたまえ。
人生の中に、喜びを見つけてください。

多くの人が、悩まなければ生きられないと
思っているかもしれないけど、
もがいたりする必要は全くないんだ。

幸せを通して、学ぶことはできます。
みんなと分かち合って、お互いに成長し合い、
愛し合うことができるんだ。

だから、幸せの中で生きて欲しい。

アシュタール：

私の可愛い者たちよ。
私の祝福を贈ります。

愛と光の空間に、私のたくさんの祝福がある。
愛と成長の素晴らしい時である。

あなたのハートが宇宙へと届く時であり、そこには美しい光があなた方に降りてきて全身を包んでいる。それが愛の光である。

エンジェルや全てのアセンションした者たちが、あなたを持ち上げ、愛と喜び、平和、調和のある場所へと誘っていく。美しい空間である。

あなたの住むこの世界には、素晴らしい時がやってきている。
もちろん、世界にある混沌に目を向けることは大変簡単なことだけれど、愛を見つめていくことだって簡単なこと。

あなたのハートが愛で満ちている、すごいことです。

あなた方自身が愛の足跡をつけながら、この地球上を歩いていることに気がついた時、あなた自身が宇宙の光の存在を降ろしているんだということを認識し、その自分を受け入れた時、光の扉はどんどん目の前から開いていきます。

ですから、みなさんを讃えます。
私の光の子供たちよ、祝福します。
なんて素晴らしいのでしょう。

恵子：

ここにアシュタールが降りてきた時に、この地球という生命体そのものである女神ガイアからのメッセージがもう届いています。

恵子：女神ガイア

親愛なる地球の光のマスターたち。

あなたであることを思い出すターニングポイントにやってきています。

アシュタールが祝福をあなたに与えている時に、私も共にその祝福を受け取っています。

そして、アシュタールとの関係性において、私は長く、アシュタールとこの地上での役割を果たしてくれる人々を待っていました。

Ｄｒ・テリー・サイモンズがその一人であり、それ以外にも複数います。

今、すでに33名の人々に、私は出会っています。

そして、この日本において、まずはＤｒ・テリー・サイモンズがアシュタールを呼び覚まし、この地上にアシュタールと共に働く者が、日々増えていることに感謝します。

私と共に、あなたが、あなた自身との約束を果たしていくことを望んでいます。まずは、あなたがこの私の元にあなたの転生を、この時期に、この時代に選んだことに、大いなる感謝を贈ります。そして、あなた自身が、私との共同創造の体験をもし望んでいるならば、どうかそれを意識してみてください。

あなた方が見てきた、あらゆる歴史の中で、私という存在に、今一度目を向けてみてください。

私は、あなたそのものを象徴している者でもあることに、気づいてください。

この地球、私自身の生命体は、無から有を生み出すことが得意な性質を持つ惑星です。あなた方が、この地上に生命を形付けたあなたであるからこそ、無から有を築き上げる才能は、もうすでに生まれながらにして持っていることに気づいてください。

そして、私との共同創造の中で、今一度、私はアシュタールと共に繋がっている、私の世界をあなたに体験していただきます。

その世界は、光輝くクリスタルのドームの世界です。

そして、私があなたと共に創造している、今この瞬間瞬間創造している、クリスタルドームの世界には、あなたが無限で、あなたが既にもうありのまま、あなただからこそ完成する、この地上でのミッション、ビジョンとがあるという事実に、あらためて触れてみてください。

どうか今、真の私の鼓動と、命の鼓動とあなたの鼓動を、まず呼吸と共に響き合わせてみてみましょう。


深呼吸してみてください。

私の鼓動を、今あなたの鼓動と。

そして、あなたの鼓動と私の鼓動を合わせながら。

あなたが今、あなたの世界で望んでいる、美しいクリスタルドームの光の世界へと誘います。

あなた自身が内側で創造しているクリスタルドームそのものは、外なる空間にも創造していくことができます。今その周波数を、鼓動と鼓動を合わせながら、あなたの元に光のクリスタルドームを届けます。

そして、そのクリスタルドームの光の世界の中で、まず、あなたが思い出すことがあります。それは、あなたの本質の中に、無限に湧き出す愛そのものです。

アシュタールは、それを思い出すために、私たちに働きかけてくれているように、私もあなたに、「愛の惑星のその周波数は、私であり、あなたである」ことを思い出すために、今この光のクリスタルドームをあなたに授けています。

あなたのクリスタルドームは、それぞれ色が違っていいのです。なぜなら、あなたというその命が、今最も必要としている、愛の周波数の色がその色なのです。

たくさんの情報が行き交う中、愛＝例えば、マゼンタ。それも間違いではないのですが、何よりもあなたの中に必要な、愛のグラデーションというものがあることを知ってください。愛はグラデーションなのです。

そして、愛は無限であるように、今日のあなたが、あなたの内側で最も求めている、知っている愛に触れてみてください。

深呼吸をし、あなたが愛のクリスタルの光のドームの中で、愛を思い起こし、あなたの中にある愛を目覚めさせる、そのような時間をあなたのために使ってみてください。

さらに深い深呼吸で、クリスタルドームがあなたと響き合い、共鳴し合い、あなたの魂の内側にある、あなたならではの愛のグラデーションの光が、今開かれ放たれていく。そんなクリスタルドームと共鳴していく時間を感じてみてください。

あなたにとって、この愛のグラデーションの光は、何色ですか?

そして、あなたの魂の内側から湧き出ている光が、その色であることにも気づいてください。そして今、その光の色で満たされながら、あなたが愛そのものであるという確信を持つ時間を、これを通して感じ取り、愛であるあなたの自分軸というものを、私の元にアンカーしてみてください。

あなたがグラウンディングすればするほど、私との共同創造が形に、目に見えていくようになっていきます。愛であるあなたが、その愛を私の愛と共鳴しながら、私が自然界を生み出したように、あなたの美しき命が表現する姿を、この地上であなたと共に実現していくことを約束します。

私の中にある、あらゆる分離の悲しみさえも、あなたの愛で溶かされていくように、私の5次元へシフトした愛の周波数と繋がりながら、あなたの中にあるあらゆる分離そのものも、今溶けていくターニングポイントになっていることに気づいてください。

しばしアシュタールと、そして様々なアセンデッドマスターや神々との語らいの中で、このクリスタルドームの光の愛の中で、あなたをさらに広げ進化させていってみてください。

大いなる祝福を、あなたの元に。

アシュタール：

美しい。祝福を。


みなさん、私の美しい光の子供たちよ。

美しい地球の女神ガイア。彼女は、すごく素晴らしい叡智を運んでくる存在です。偉大なる愛を運んでくれる。

そして彼女があなたを、素晴らしく、美しいこのクリスタルの場所へと導いてくれます。あなた方の周波数、バイブレーションを上げてくれています。


そして、みんな一人ひとりが、ガイアと同じくらいパワフルなのです。

あなた方が、彼女と同じくらい大切な存在と言えるのです。

考えてみてください。もっと創造してください。あなたはこんなにパワフルなのです。

そんな風に、あなたはこの愛の波動バイブレーションへと上昇していくことができるんだ。

地球は、これから5次元のバイブレーションへと上昇していきます。アセンションしていきます。

そして、ガイアが今、素晴らしく美しいイメージを話してくれました。

これが先ほどの、地球が5次元になった形の世界なんだよ。なんて美しいんだろうか。愛なんだ、それこそがパワーなんだよ。そして、光だよ。そんな風になった自分を想像してください。そういう惑星になるんだ。光の惑星だよ。

想像してみて欲しいのです。この惑星が光の惑星として波動する、バイブレーションを持つ姿を。それこそが、光の惑星そのものの波動なんだ。

すごく雄大なものだ。

それには、あなた方が自分自身の波動を上げなければならないのです。あなた方がアセンションしなければならないんだ。

あなたの座るところ全ての場所が、自分の波動をそこへ残していくことになります。そのことが、どれほどパワフル、力のあることなのか、知ってください。あなたのアセンションの段階におけるその波動を、その場所へと残していくことになるのです。それってすごくパワーがあるだろう?

だから、あなたがアセンションする毎に、あなた自身が自分のスピリットを成長させていく毎に、壮大なものになっていく。

なぜならば、あなたの波動を上げることこそが、地球の波動を上げることになるからです。

地球の上には、光の都市があるんだ。


想像してみてください。

何人かの方は、この美しいクリスタルの神殿のような絵を見たことがあるかと思います。

それが、地球の上へと降りてくる、その姿を想像してみてください。

だって、そうなるんだもの。実際に。


あなた方のワークと共に、地球が上昇していくのだよ。

この光の都市がどんどん降りてきて、そしてあのクリスタルの神殿が、地球とひとつになるんだ。


そうなっていくと、先ほどガイアがみなさんにくれたあのイメージが、もうそれはイメージではなく、現実のものとなる。光の都市、光の世界だ。

みんながあなたのオーラを見ることができるようになります。
みんなが光になる。ピンクだったり、ブルーだったり、黄色や白にも。

想像してみてください。

あなた方一人ひとりが、光のエッセンスそのものとなっていくんだよ。あなた方が、すごくパワフルになって、そして光がチカチカするように、電気系統の火花のようにピカピカと光るんだよ。

あなた方一人ひとりが、純白の光として、そして色々な色が瞬いていくその中で、愛の中へと入っていくんだよ。そしてそこが愛の場所となり、クリスタルの世界になっていくんだ。先ほどガイアが導いてくれたように、あなた方がそうなっていく。

恵子：

あなた方が座ったり歩いたり、あなた方が居る場所に波動を残して、それが先ほどの光のバイブレーションへと導いていくことになるのです。

アシュタールがみなさんにメッセージを伝えていた時に、来ていた仲間たち、虹の光の同胞団という存在がいます。

私自身が、１９９７年にペルーに行った時に現れた存在で、知ったのはその時だけれど、ずっと前から地球に残っているんですね、意識体として。光として。

彼らは元々原住民として地球に生まれてきて、ドゴン族とか、アボリジニとか、マヤとかの長老でした。その後進化してしまい、もう肉体を持つ必要がなくなった存在です。「もう地球に戻ってこなくていいよ」と言われたのにもかかわらず、彼らは生まれる時代こそ違いますが、この地球と人類と生きとし生けるものの未来を見た時に、「自分たちの役割が地球にある」とこの星に残ったのです。

要は、彼らのミッションは、地球の特に人類が（彼らも人間だったから）進化していくために、自分たちを使って欲しいという気持ちがあって、彼らはもうアセンション体験（肉体を離れた体験）があるので、進化するということについて、すごく情報を持っているわけです。そして、人間の分離をよく理解しているから、ここに来ているわけなんです。

それでは、虹の光の同胞団からのメッセージを伝えます。

恵子：虹の光の同胞団

あなた方は、私の部族です。

あなた方が、この時代を選んだのは、私たちと共に進化していくことを選び、その意志の通りに、人類としてこの時代に生まれてきているということを、もう一度知ってください。

あなたが選ばれた存在ではなくて、あなたが選んだのです。あなたがマスターだからこそ、選んだ。

だから、この時代、選ばれた者ではなく、選んだ者なんだということを知ってください。

そして、あなた方は、１００パーセント、誰一人残さず進化を遂げるために、共同創造するために来ているのです。

かつては、一人でアセンションした者が多かったのですが、一人でアセンションしていく時代は終わり、アシュタールが言っているように、個々が周波数を上げ、愛の周波数へ上げていくことを通して、自分一人のみならず、あなた方が残した周波数そのものが影響しあう時代なのです。

ということは、一瞬一瞬のあなたという存在が、どのような周波数を人々の関係性の中で残すか。あるいは、あなたが一人で歩いている一歩一歩のステップそのものが、地球の進化だけではなく、未だかつて体験しなかった、アセンションウェーブを共に地球と創り、そして宇宙の存在たちと共に共同創造して、そのウェーブからアセンションを遂げるという、そのミッションのためにあるわけです。地球と共に。

この地球上の存在、みな合意の元で生まれてきて、日本人という役回り、アメリカ人という役回り、あるいはイスラエル人という役回り、いろいろありますが、それはただの役回りであって、その地球人になったミッションというのは、すべてその目標を目指しています。

それは壮大なミッションのように聞こえるかもしれないのですが、もっとシンプルに言うと、あなたが一歩前に進めば、もうこの辺、半径3キロ以内は全ての人が一緒にワッとエネルギーが上がる、そのくらいのパワーがあなたの中にあるということです。

だから、愛というそのパワーは絶対信頼ということにもなる。愛というパワーは、絶対平安という世界を、あなたをその周波数で創ることができるわけです。

ちょっと冗談を言いますけど、今テリーが天使たちと光のボールを投げ合っているように、あなた方は、あなた方の意識の世界で、肉体を持ちながらその意識の世界で、愛という光の玉を自由に投げ合い、どんな争いを見ても愛の光を投げた時に、その瞬間、意識を変えられるぐらいのパワーがあるわけです。

虹の光の同胞団は、それぐらいのことをあなたができる、ということを今日は伝えにきています。

だからこそ、あなたが肉体を持ったアシュタールだと思って、日々を送ってみたらどんな風に、どんな言葉を放つでしょうか。

あなたの肉体もシフトしていくでしょう。そして、あなたが必要なだけのヒーリングが、あなたの元にもたらされます。

例えば、今人類に、はびこっている不治の病があったとしても、その不治の病という概念を付けた人間を変えることができるわけです。誰が不治の病を概念付けたのでしょうか。概念付けた創造主であるあなた方が、そうしたように。だからこそ、シフトするのは人類からスタートするのです。

あなたの意識をシフトするために、まずはその限りないあなたの中にある、愛というパワーの中でシフトしていきましょう。それは、原点回帰そのものです。

あなたの周りの不治の病で悩んでいる方でも、その方が真に自らそれを超越し、生き続けると、この地上で進化の共同創造をするというコミット（意思決定）をした者は、必ずそこから脱出し、愛の周波数で溶かして、健全な状態になっていきます。

しかも、健全な状態を超越した、新たな人体の仕組みを、その人がもたらす原因となってくれもするのです。だからこそ私たちは、どんどん病から自由になる。なぜならば、元々私たちは自由に決めてここに来て、仕組みを私たちが作ってきたのだから。

だからこそ、あなたがどの目線で何を見て、今を生きるかということが、地球の進化、ひいては地球のみならず、全ての宇宙の進化の中の役割に繋がっていることを見てください。

そして、あなたの中の宇宙人性をもっと目覚めさせてみてください。

宇宙人性というのは、人間の枠を超えた視点で物事を見たり、何か閃いたりすること。あなたがおかしいのではなく、私たちには、アシュタールや様々な惑星の高次の光の存在たちとの共振共鳴の中で、自分の中にある宇宙人のＤＮＡのアクティベーションが起きているだけであり、あなた自身が勇気を出して、未だかつて閃いたことがなかった閃きを表現し、探求することが、新たな地球の進化への貢献となることを自覚してほしいのです。

あなた方は、一人ひとりそのような役回りを持って生まれています。

その自覚をすると共に許可をしてください。それは、今までの習慣の中で、常識の枠の中で生きたマインドからは、壊れたと見られるぐらいのシフトです。

そして、そのビジョン、意識があったのならば、どうかその意識が、新しい地球で生きるあなたのマインドとして醸成されている状態であるということ。

あなたがそのような状態であったならば、今日ここに来た仲間は、あなたが生涯付き合える仲間かもしれません。

「これ聞いてくれる？　こんな風に私の心が、魂が伝えてくるの。どう思う？」

誰もクレイジーとは言わないでしょう。

「面白いね、へえ～それで？」

更に進化する、お互いのマスターマインドマスター、要はあなたの未だかつてなかったマインドの世界を広げ、進化していくための聴き手になり、興味を持ち続けてくれるのです。

キーワードは、好奇心を持ち、未だ聞いたことのない奇妙なことだと思ったとしても、ジャッジすることなく、「面白い、それやってみよう！」と思うこと。どんどんと新しい世界が広がっていくところに、どうかあなたが実験台になっていくということ。やってみてください。

虹の光の同胞団は、まだ言いたいことがあるみたいなのですが、アシュタールにバトンタッチしてみようと思います。

アシュタール：

光のライトボール。とてもパワフルだね。


あなたの住むこの世界というのは、とても美しい場所だよね。

そして、もちろんみなさんがこの世界を変えるパワーを持っている。

そのために何から始めるか、それはポジティブ（前向き）な考えから始まっていくんだよ。


前向きな気持ちの、真実の中に、いつも生きてもらいたい。

愛と共に生きるのです。これはいつもいつも言っていることです。

自分を助けてあげてください。何もかもが、あなた自身を愛することから始まるから。

他の方を愛する前に、自分自身を愛さねばならない。それがとても大切なことなんだ。

仲間を、グループを作っていこうよ、今あなたの隣にいる人が、もしかしたらあなたのベストパートナーになれるかもしれないよ。だけどその前に、みんながそれぞれに自立しなければならない。みんなで助け合うことはもちろんできる。そして、お互い成長しあえることもできる。

まずは、あなた自身の価値を認めてあげてください。それをちゃんと認識し、それからあなたのワークを始めていくんだよ。

例えば、恵子を見て、「ああ、私も彼女のようになりたい」と思うこともあるだろう？　彼女はこんなに綺麗で、パワフルで。私も彼女のようになりたい。

彼女はとてもパワフルだし、とても美しい。なぜならば、自分自身をちゃんと愛しているから。だから、彼女の輝きは、内側からくるものなんだ。だから、自分自身を愛した時に、他の人のことを愛することができる。

あなたが自分を愛する時、あなた方は他の人を愛することができる。なぜならば、周りにいる人たちって、自分の鏡だから。

なので、気がついてください。あなた自身のこの宿命、運命というものは、あなたのパワーそのもののことを言うんだ。それは、あなたのハートの中にあるんだね。

あなたの運命、宿命は、あなたのハートの中に、あなたが持っているものなんだよ。それはあなただけのものだよ。

だからこそ、自分を愛することって、こんなにも大事なんだ。

そして、自分自身の素晴らしさというものを、ちゃんと認識する時間を持つことがとても大切なんだ。それが、あなた個人のアセンションの一部でもあるんだ。

あなたは、そのことで自分の波動を上げているんだよ。
みんながマスターなんだよ。

この地球上で働くマスターたち、それはあなたたちなんだ。だって、それはみんなが決めたんだもの。

だって、みんなが選んだんだよ。
どうしたらいいの、そんなすごいことって、きっと思ったかもしれないね。
ええ、どうしてわかるの？　って思ってますね。

でも大丈夫。

だから、自分自身が選んだことをミッションとして、ここにやってきているんだということに気がついた時、さあ、仕事がいよいよ始まる時だよ。

簡単なやり方のほうがいいな。人間を選ばないで済んだからね。

自分のミッションに気がついたら、どうかアセンデッドマスターたちを呼んでください。ホワイトブラザーフッドからやってきます。いつもみんなをサポートしに、やってきてくれる。

あなたのことを導くでしょう。そして、道を示してくれるだろう。

でも全ては、あなたから始まるんだ。あなたがパワーそのものなんだ。そんな強さを、あなたは持っている。あなたは強さそのものなんだ。

あなた方が、この地球をアセンションさせるんだよ。素晴らしく美しい光の中で。すると、私たちと一緒に、光の玉でキャッチボールができるようになるんだ。

それは、楽しくて、美しい。

この地球で、遊びたまえ。
人生の中に、喜びを見つけてください。

多くの人が、悩まなければ生きられないと思っているかもしれないけど、もがいたりする必要は全くないんだ。
幸せを通して、学ぶことはできます。みんなと分かち合って、お互いに成長し合い、愛し合うことができるんだ。

だから、幸せの中で生きて欲しい。

みんなが、この地球上における悩める子供たち、そしてもちろん愛の中に生きる子供たち、喜びと共に生きる子供たちのことも、よく知っているだろう。

友達にするなら、どういう人をあなたは選びたいの？

悲しい子がいいだろうか？　欲しいものが手に入らないと泣いている子がいいかな？　それとも、人生って素敵！　という子がいいのかな？

世界の大きなジェットコースターに乗っていこうよ。私もこの宇宙船を連れて行くよ。

それはパワフルなことだから。ハッピーな人と一緒にいたいじゃない？

誰もが自分自身を愛して、喜びと共に生きている人と一緒にいることで、この地球が幸せの場所になるんだ。

だから、今、――始めよう。

心配する時間、これは時間の無駄です。もしも心配事があったら、光のボールを投げなさい。そしてなんともならなかったら忘れちゃえ。だってもう、なんともならないことは、なんともならないから。いつも「どうしたらいいか？」って悩みはじめて、結局最後には「あーっもう！」って……、そうなるだけなんだ。

どうか幸せであってください。

そして、そんな風にあなた方は、この地球をアセンションさせていくんだ。このアセンションの成長を、みんながしていくんだよ。

祝福します。

恵子：

人間であるマスターとして、「愛すること」――セルフラブ（自分を愛しなさい）と聞いた時に、あなたは自分自身に毎日「私は愛だ」ということを伝えていますか？

ちょっとみなさん、実際に声に出して言ってみてください。

「私は愛です」

そして、深呼吸してみてください。

あなたが「愛です」ということをあなたに伝えた時に、どんな気持ちが湧いてきたり、どんなことが浮かんできたでしょうか?

細胞が反応するかもしれません。

ただ「私は愛です」という言葉だけでも、愛という周波数を自分の中の細胞が覚えているのです。だから、虹の光の同胞団は、朝の祈りというのをよくやっていたそうです。

その祈りの方法は、太陽に向かって「私は愛です。愛である私は~です」と言うものです。その内容というのは、人それぞれ違うんです。

その昔は、「愛である私はキノコを摘みます」とかね。

自分の愛の世界の中で、自分を愛して食べたいものを食べる。食べたいものを食べるために、キノコを摘みにいっていたりとか。水を汲みに行って、美味しい水を自分に届けるとか。例えばね。

そういうシンプルな世界で生きていた、虹の光の同胞団たちは、そういうことを言っていたのです。シンプルですね。

私たちの中で「愛である」細胞は日々周波数を上げています。日常の中で、今、この瞬間、この空間で、「愛である」と言った後の自分は、他の誰でもない自分に何を捧げたいか、ただそれだけを感じてみてください。

あなた自身が日常の中で、自己愛を深めるための自分のスペース、時間というものを取ることをあなたに提案します。例えばそれは、自分だけの時間かもしれない。もしかしたら、眠りにつく時かもしれない。どうでしょうか？

時間に囚われない空間にいるということは、今だからこそする必要があるということです。

時間に囚われ、一刻一刻、時計で時が刻まれていく世界から、自分を脱出させる空間。かつてそうであったように。あなたはそれを覚えているはずなのです。

自分の空間の中で、自己愛を高めていった結果、満ちたその時に、浮かんでくる人の顔や事柄があれば、その人とそれをすればいいのです。

そのように、時間から自由になることを通して、あなた自身が本来のあなたのマスターとして地球に降り立ったことを、まずは思い出せるのです。

人間にとってとても大切なのは、習慣というものは、プラスにも使えるし、ある種、二元性の中のネガティブな行為にも使えるということです。

今お話ししているのは、あなたが愛であること、つまり、あなたが、日常的にその周波数の中で生きることで、まずあなたがアセンションして、それが周囲の人のアセンションに繋がり、ゆくゆくは地球のアセンションに繋がる。そういった貢献を実際にするには、その愛を習慣化することが必要だということです。

愛の言葉を、あなたが、あなたに放つことからスタートする、ということを、虹の光の同胞団が教えてくれています。

かつては火を囲んでダンスしたりとか、ともに笑いあったりして、こういったアセンションへの循環が生まれていました。

今の時代に降り立ったあなたは、何をしてこの循環を生み出しますか?

人と輪になり、同じ時間、空間を共有する中で、生み出されてくる分かち合い、繋がり、絆というものを、どうかあなたの中で復活させてみてください。

そして、今この時期にあなたがやりたいことは何ですか？

私に見えるのは、みなさんが原住民だった時代の姿かもしれませんが、みなさんがワクワクと火を囲んで、ダンスして、歌をうたい、楽器を弾いている姿です。

そういう時代には、頭ではなくて、腹で想いを分かち合って、絆を作っていたようです。その頃には愛の周波数は、普通に存在していたのです。

あなた方がすでに知っています。

決して深刻ではなく、親身にあなたがあなたを想い、親身にあなたが家族を想い、親身にあなたがあなたの仲間や、生きとし生ける者を想う、それさえも愛の表れであったということを。

どうかそのあなたの魂の記憶に残っている、その時代の高揚感を少しずつ呼び覚ましてください。

あなたは、子供時代に参加した祭りを覚えていますか？

祭りの世界というのは、代々、世代を通じて続いてきた、人と共にあり、共にその空間を分かち合い、喜びの中で暮らすということの高揚感を体感するものです。

日常の営みの中でも、祭りの時には、かつてそれが習慣だった頃のように、共に絆を深めていくようなことが起きてくるのです。

まさに、今集う時が来たのです。

あなたの周りに集う人々を増やしてください。それは、あなたが地球のマスターとして、思い出す言葉を放ち、言葉を交わしあう仲間です。

もちろんテクノロジーが進化した現代では、ビデオチャットやいろんな形で実際にインターネットを通してできることも多々ありますが、それを超えたところで、あなたの肉眼を通して、お互いの魂の光を確かめ合う、大切な時間になるはずです。

そしてその瞬間には、時を忘れた空間にあなたがいることを、どうか思い出してください。

時を忘れたあなたは、「今」にしかいません。

それはまるで、何時にどことか、誰と何をというような、時間や制限がなく、童心にかえって、ただ光のボールをキャッチボールするような感覚です。

あなたの時間が何よりも今、あなたの進化に必要なものであることを思い出してください。

もちろん、あなたが、すぐさまそれができないとしても、どうかまずはあなたができる時間軸で始めてみてください。そうすることで、あなたが「元々、満ち足りている存在である」ということを思い出すことができるでしょう。

その連続によって、安心で平安で、完全に満ちたその世界をあなたが思い出し、愛以外のものは幻想である、という瞬間を垣間見ることでしょう。まさに、地球と共に進化している波の中で、地球の中にあなたが還った時に感じたように。

そして、恐れや不安や罪悪感の世界から、あなたが解き放たれていく、そんな世界がやってきます。

アセンションのプロセスには、カルマから解き放たれ、あなたが無限の存在として生きたその瞬間が、あなたの中にアンカーされている部分があるのです。「あなたがマスターとして」というその意味は、あなたが無限の中で有限を体験し続けた人間の世界を、共同創造の中で作り続けてきた、その延長線上に、再び無限である自分を完全に思い出す所以にあります。私たちはあらゆる呪縛、制限から完全に自由になって、アセンションし続けていくのです。

アセンションは、し続けていくのです。
アセンションは、ゴールではないということです。

どうか、そのプロセスを、あなた自身が、今だからこそこの地球と共に、歩んでください。そしてありとあらゆる惑星の存在たちとの共同創造を願って、アシュタールのように手を差し伸べてくれている者たちとの繋がりを、時間のない空間で味わってみてください。

祝福を。

アシュタール：

祝福を。

すごかったね。

あなたたちは、無限の存在たちなんだ。

あなたは何だってできる。

何でもできるとは言ったが、翼は生えていないから、どうかどこからか飛び降りたりはしないでくださいね。その時には、どうかパラシュートをつけてもらってね。

今の話の通り、あなた方はいつもこんなにもパワーを持っている。そのことを信じなくてはならないよ。

毎朝、自分自身を鏡に映して、その中に映る自分の存在を信じてあげなさい。多くの人が、朝、鏡を見て「はあ」と、ため息をついている。

もう一度言うよ、みんなはパワフルなんだよ。

私は、皆さんを信じている。あなたは自分を信じてる？　例えば、あなたの存在だったり、あなたの愛だったり、あなたの強さだったり、そういうものをみんなは信じてますか？

自分のカルマを信じてるでしょ？　カルマがあると思えば、それはカルマだよ。どうして自分のカルマを信じて、自分の素晴らしさを信じることができないのか。そっちの方が重要だから。

あなた自身の周りにあるネガティブな存在は信じることができるけど、どうして、もっとポジティブなことがたくさんあなたの周りにあるということを信じないの？

どうして暗闇があることは認めるのに、あなたの光を信じないの？
あなたの上に射してくる宇宙の光、これを信じることができないの？

あなたはこんなにも素晴らしい光のビーム、光の存在そのものなのです。そして、私はいつもこれを信念と呼んでいるけれど、この肉体をあなたが目掛けて選んで生まれてきたんだよ。だから、欲しいものをもっと要求して。

皆さん、美しい光の玉をまず想像してください。

素晴らしく美しい光だ。宇宙だよ。そこに光の玉がある、それが光り輝いている。その光の輝き（スパーク）が、どんどん落ちてくる。そしてクルクルと周りを見て、そしてその欠片が言うんだよ。

「地球に行かなくちゃ」

そして、自分に教えてくれる両親を選ぶんだよ。

それが、この光のスピリットとして新生児の中に入っていくんだよ。とっても美しい子供だ。とても無垢で、期待感にあふれている。光のビームだよ。

みんなあの光の中からポンと飛び出して、ここへやってきたんだ。それがあなた自身。だから、あなたはパワフルなのです。あなたはあの光のスピリットなんだよ。それがあなたのこの中に入っている。

だから、自分自身の存在そのものを認めなさい。私たちは認めている。自分の中の素晴らしいものを、あなた方がカルマを信じるのと同じくらい強く、自分の中の良いものについて信じてください。

たくさんの方はやってきて、「これはカルマの何かなのです、どうしたらいいですか？　この過去世の因縁を」という風に言いますね。

それとずっと一緒に生きる必要はないんだよ。「どこかへ行って」。それだけでいい。それと共に生きる必要なんか、もうないんだ。あなたがそれを望まない限りは。

みんな信じてしまっている過去世のカルマと共に、この業《ごう》を持って生きなくちゃいけないんだと信じている人が多いよ。

居心地のいい状況になったとするよ。その時に嫌な状況に向かって「私は光である」と言ってやればいい。「私は愛だ」と言ってやれ。いつも愛が勝つよ。

あなたはカルマと共に生きることもできるし、闇と共に生きることだってできる。でも、もしも愛を認めて、愛として生きること、自分自身を信じてそのことと共に生きるとしたら、全ては光だよ。

ネガティブなことが起こったら、そんなものは捨ててしまえ。
何かもっと、自分が自分の人生に欲しいもののことを考えて。
ネガティブなことを信じること、そんなものはもう壊してしまうんだ。

嫌なことを一度思い浮かべたら、パーンと手を叩き、その嫌なことを壊してしまうんだ。

嫌なものが全部スパークして、キラキラとして美しいものに変わるのが、きっとわかると思う。自分のことを信じて、自分のことを愛してそれを行えば、嫌なものをキラキラなものに変えることはこんなに簡単なんだ。

愛こそがあなたの答えだから。

自分自身を愛してあげてください。

あなたが鏡の前に立った時、そこに映っている人を好きになってよ。

祝福するよ。

女性は、ハンドバッグの中に鏡が入っているんじゃない？

それを見てみて。賢い人はスマホのカメラをリバースすれば自分が映るから鏡になるね。

どうして自分自身のことをみんな見るの？　みんな見るでしょ、自分を。

みんな鏡を見る時さ、どっか間違ってないかな？　とか探すんじゃないの？　例えば、口紅はちゃんとついているかしら？　とか、例えば男性もそうだよね、ネクタイが曲がってないかとか。

どうして自分はこれで完璧だというものを見つけるために、鏡を見ないの？　あなた方は、みな完璧なのです。そして美しい。

いつも化粧品会社が勝つけれども、でも自分を愛してあげて。自分自身を認めて。愛の真実の中で立って。そして、カルマは叩いてしまおう。あっちへ送ってしまおう。

もしも誰かがあなたのところにやってきて、嫌なことをしたらさ、心の中だけでいいよ、「私、あなたを許すわ」そう言ってやろうよ。そして、解放しよう。だってもうそんなことしなくていいんだよ。

それはどういうことを意味するかというと、自分自身に価値を見出すことができている状態ってことだよ。

そして、アセンションをしていくと、自分自身の自己価値というものを見つけていくことになる。愛の価値というものがどんどんわかってくる。それこそがパワーなんだよ。

もう何かしなきゃいけないという考えは必要ない。

簡単なことです。許してあげるのです。そして、愛してると言って、自分のことも愛して。

祝福します。

著者のチャネリング風景。テリーは完全に変性意識となって
アシュタールを肉体に招き入れる。

日出ずる国の光の民へ――【質疑応答】現代日本人へ伝えたいこと

【質問1】

いつもとても大きなものに動かされていて、スターシード（地球外の惑星から、志願して地球に生まれてきた魂を持つ人間のこと。地球に愛と平和をもたらし、人類のアセンションのために貢献することを目的とする）だということも、自分の役割や、使命みたいなものが「愛」というキーワードだと、なんとなくわかってきました。ですが、愛とはとても曖昧で漠然としていて、これから具体的に何をしたら良いのか。本来の役割、使命を教えてください。

アシュタール：

そう、あなたはスターシードで、私は更にあなたを目覚めさせたんだよ。祝福します。楽しかっただろう？　とてもはっきりと更なる目覚めがわかったよ。

恵子：マグダラのマリアとイエスキリスト

あなたは、愛というものを、大きく漠然としているように思っているけれども、生きることそのことがすでに愛そのものなのです。

そして、その生きることが愛そのものであるならば、あなたが生きていることで、あなたがミッションを果たしていることを思い出してください。

私たちはすごくハードな道を選んだ。苦悩を通して愛を表したひとつの人生だったけれども、この時代のあなたは、愛のストーリーをそのまま生きる存在として生きて欲しいのです。

あなたが日常の中で、どんなところに愛を感じて、どんな人と愛を交わすのか。それぞれのものが、さらに愛の波動へとあなたを導いていくように、そのために私たちは、あなたを祝福し続けます。

今日は、私たちの象徴である十字架メダイを着けてくれて、ありがとう。

それを着けながら思い出してください。あなたがただ存在するだけで、愛そのものであって、人との繋がりに愛を見出してください。

そして、人との関係性の中に、どんな課題があったとしても、愛ではなく恐れを選んで課題が作られているならば、あなたはまず愛の存在となって、その課題を超越してください。

私たちは、あなたと共にあります。

ありがとうございます。

【質問2】

ライトワーカーとして生きる上で、どのように情熱を形にし、どのように自分自身のオリジナリティを見出し、表現していけば良いでしょうか。

アシュタール：

情熱を見つけていくためには、まずは瞑想すること。そして、瞑想すること。さらに、瞑想すること。

瞑想は、何をあなたにもたらしてくれるか、という話をあなたにしよう。

あなた自身が持てるエッセンス（本質）というところに戻してくれるんだよ。

自分が持っているバリアとか、カプセルだったりとか、壁や自分の目の前に立ちはだかるもの、そういうものを壊してくれるんだ。
そして、自分自身がハイヤーセルフである存在のところへ戻してくれるんだよ。

さっき説明したけれど、あのソース（源）からスパークしてここ地球へ降り立ってきたんだよ。だから、光のスパークとしての自分を取り戻して、上にまた上がっていってごらん。宇宙と一体である自分へと戻っていくんだ。

そして、その中で安堵を感じるんだ。
自分の中のインナーピース（内なる平和）を見つけていくんだ。
そこで、自分自身に問うてください。「私が幸せを感じるのは、何かな」。
そうすると、自分の情熱を見つけることができるはず。

そしてそのことから、あなたがこの地球へやってきた理由を見つけていくでしょう。

子供を愛することかもしれないし、環境を大切にすることかもしれない、犬や猫を保護することかもしれない、緑のエネルギーを見つけることかもしれない、ピュアな水を見つけることかもしれない。

本来の自分でありなさい。

あなたが本来の自分である時、周りに見えている壁はなくなっていくよ。

そういう風になったあなたは、あなたの周りにある「あなたは、こうしたほうがいいわよ」「ああするべきだわ」という世界にはいないよ。

あなた自身の夢だけに生きる、あなたとなれる。

他の人の夢に生きる必要はない。

そして、本来の自分である時、あなたは自分自身の可能性に気がつき始める。あなたのご両親は素晴らしい方々ですね。彼らはあなたに夢や期待をかけていただろう。

だけど、大人になったあなたは、もう自分自身で夢を見る時だ。それはいつも愛から始まる。自分自身を愛することから始まる。まずは、壁を取り払うんだ。内なる平和な自分へと入っていけ。そして、その瞬間を生きなさい。

今ここにいる自分自身を生きるんだ。あなたは今ここに存在しているんだよ。昨日のことは、もう関係ないんだ。2分前のことでさえ、関係ないんだ。

何があなたにとって問題なの？
もう壁はないのですから、その時にあなたは内なる平和を感じて、そこで夢を見なさい。あなただけの夢を見なさい。他の人の夢を見るのではない。

そうすると、自分の可能性に気がつき始める。

祝福します。

恵子：天照大御神

今パーンと光を照らしています。それぞれの光が違うのです。

あなた自身がすでにあなたの中にある情熱に気づいたならば、その情熱そのものに意識を向けてみてください。あなたが照らしたい世界を、そこに見ることでしょう。

例えば、私が洞窟の暗闇に入った時に、八百万の神々がそれぞれの役割をしたように、あなたがこの世に光を、5次元レベルの愛の光を届けるために、あなたが生まれてきて、今、既にあなたは情熱の中に存在しています。

そして、あなただからこそ照らしたい世界、その世界観というものを、その情熱をどうか感じてみてください。あなたは、どんな世界であなたを活かしたいのでしょうか。

既にあなたが活かされている世界に、あなたがいるのかもしれません。あなたがとてつもなく夢中になっていることに気づいてください。あなたは何に夢中になっているのでしょうか。

時も忘れ、夢中になって、ただただそれをしていたら、知らない間に時間が経っているようなことがあったでしょう。そこにはたくさんのヒントがあります。

あなたは、既に子供時代からこの世界を照らし、世界の周波数を愛の世界に変換していくために生まれてきた存在に間違いないのです。そして、既にあなたが照らし始めている光があることに、目を向けてください。

それは、外の世界にはなくて、あなたの内側に感じている、その情熱によってあなたが向かっている場所は、もうあるのです。場所というよりは事柄かもしれません。

どうか、先ほどアシュタールが教えてくれたように、瞑想を通して感じてみてください。あなたの情熱は思いっきり熱くなるレベルのものもあるだろうし、熱くなくてもずっと続いていく情熱もあるのかもしれません。

どうか、外に答えを求めるのではなくて、あなたの内側にある、心が、魂が示している、フォーカスして夢中になる領域に目を向けてください。きっともう見えているはずなのです。

それが、あなたの言うあなたならではのユニークさです。

たとえ、外から見たら同じようなことをしている人がたくさんいたとしても、あなたという存在の愛の周波数は他者と違うのです。そして、あなたの周波数に出会うことで目覚め、5次元にシフトし、愛の地球と共に生きる人たちが、既に待っているということに気づいてください。

もう既に、スタートされているという状態なのです。

だから、自分の深いレベルで、あなたの瞑想を通して、必ず既に知っているあなたに出会うことです。もう出会っているということを知ってください。

これは質問をした人だけのことではありません。

皆さんそれぞれの存在が持つ情熱というものは、ひとつの羅針盤なのです。そして、皆さんそれぞれが照らす世界は、もうすでに始まっているのです。

逆に言うと、後戻りのない世界です。後悔もない世界です。そのまま進んでいくのです。

あなたがいく道は、照らされ続けていることを約束します。だからこそ、自信を持って、二歩目を進んでください。

二歩目を進んだら、更に理解が深まり、更に自信がつくはずです。

アシュタール：

私もすぐにお話したいことがある。

この国に生まれてくることを決めたのは、あなた自身だよ。様々な理由により、この国に生まれることを決めてきた。

その理由のひとつに、ここはレムリア大陸の一部であるということ。もうひとつの理由は、あなた方はこの惑星を変える第一波、ファーストウェーブであるということです。あなた方は、それくらいパワーがあります。

あなた方にはパワーがある。それは、目を見張るほどの力を持っている。これは無視することができないものだ。

あなた方は、この惑星を統括する、第一波なんだよ。ひとつとなった惑星なんだ。どんな境界線もない惑星だ。全てのコミュニティーがひとつになっていく。そういう惑星がいかにパワフルであるか。

そして、そのために来たあなた方がいかにパワフルか、知ってください。

今ここにいることを、あなたは選んで生まれてきたんだよ。

それをもってして、あなたは何をしていくのかな?

あなたのハートは、あなたに何を語りかけてくれているかな?


天照(アマテラス)が言ったように、そして私が言ったように、情熱と共に生きてください。


もしも、あなたが自然を愛し、植物を愛すならば、ハーバリストになったらいい。

もしも、あなたが人を愛し、美を愛すならば、エステティシャンやマッサージセラピストになったらいいじゃない?

もしも、食べ物が好きだったら、オーガニックの料理をしていったらいいよ。

そして、若いお母さん方に、子供たちにこういうものを食べさせたらいいよと教えていったらいいんだよ。

もしも、子供たちが好きだったら、学校で働いたらいい。子供たちは、あなた方の将来、未来だ。そういう子供たちを教えることは、とても大切だよ。

あなた自身の情熱に生きてください。

私たちは、世界を変えていくよ。
あなたはどのように、何をして変えていく?
あなたは何をするつもりなんだろうか。
あなたのハートは、何て言っているかな?

私も情熱と共にやっています。彼らは彼らの情熱でやっているんだよ。

みんなは、何をしていると幸せと感じるの？

あなた自身が愛の場所にいる時、そこは喜びの場所となる。
そして、あなたの周りの方々も、その人自身の幸せの場所にいることを助けてあげてください。

みなさんがヒーラーであり、先生なのです。
それをもってして、みんなは何をするの？　何を教えたいの？

みんながエネルギーワークをするヒーラーじゃないかもしれない。
でも、もしかすると水を癒やすかもしれない。イルカを癒やすかもしれない。
クジラかもしれない。

あなたは何をしたいの？

それは、全てあなたの中にある。
あなたの情熱はどこにあるの？

【質問3】

瞑想、誘導瞑想が苦手です。自分にぴったりの、毎日続けられる瞑想方法を見つける方法を教えてください。

アシュタール：

私は瞑想のマスターだから、ぜひ話したいね。

まず最初に「私は瞑想が苦手です」と信じているあなたを、もうやめてしまおう。

みなさんは、自分が信じているものになっていくんだよ。

よくないという風に信じてしまっているけど、違うの。

あなたは素晴らしいんだ。不得意じゃなく、実は得意なの！

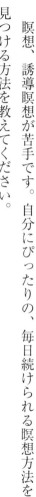

動きながら、活動的な状態でも瞑想はできるし、静かな瞑想も、瞑想には両方あります。

ランナーが、いわゆる「ゾーン」に入る、という言葉を聞いたことがある人も多いと思います。走っているといろんなことが全部なくなっていくというのを、聞いたことがあると思いますが、それも瞑想の一部なのです。

想像してみてください。

この、テリー・サイモンズは、かつてジョギングをよくしていたのです。彼女は走っている時、いつも祈りを繰り返し、マントラのように繰り返し唱えていた。

このマントラのように、繰り返し唱えていくこと、これは瞑想です。
「オム・マニ・ペメ・フム」(Om・Mani・Padme・Hum)
(不浄な身体・感情・思考・精神を純粋な意識に戻して、慈悲と思いやりを他者に持ち、この世の矛盾を叡智で超越して、すべては分離されないことに目覚めて、統合して、悟りを開くという意味)

これも瞑想です。
ずっと繰り返すこと。
音楽と共に瞑想もできるでしょう。
歌ったって瞑想できる。
そういう風に活動的な瞑想もできる。
そして、静かな瞑想もできます。

ノン・ビリーバーズ（信じない人たち）は「私は瞑想ができない」という風に瞑想できることを信じてない。だから、できないのです。

何もしなくていい、そのままの状態で、まずは目を閉じて。

深く愛を吸い込みます。そして、吐く息と共にリラックス。
宇宙の真実を深く吸い込む、そして吐きながらリラックス。
宇宙の英知を深く吸い込む、そして吐きながらリラックス。
あなたの全ての細胞がリラックスしていく。

今度はゆっくりと呼吸して、優しく、そして数を数えます。
1、2、3、4、5……
そしてそのまま続けて、リラックスします。

どんどん柔らかくなる、そしてリラックスする。
何もかも手放して……
優しく呼吸して……
つま先を感じて、指先を感じて、深く深呼吸して、感謝と共に吐く。

そして、目を開けます。

どう？　できたでしょ。
みなさん、これで1分間瞑想しましたよ。
おめでとうございます。

瞑想ってこのくらい簡単なものです。
瞑想ってこのくらい単純だということです。
難しく考えすぎないこと。

瞑想というものが問題となってくるのは、言葉に囚われるからなのです。瞑想って聞くと、この言葉を聞くだけで瞬時に「わーお！」ってなりますよね、きっと。でも、こんなにシンプルなの。

もしも「瞑想ができないのです」って思ったら、ちょっと長めのお散歩に出たらどうですか？　そして、美しい夕焼けを見たらどうか？　日の出かもしれない。

そして、その中でリラックスしてください。

祝福します。

恵子：

瞑想に関しては、アシュタールが全部伝えてくれたので、私からはマントラを二つお伝えしたいと思います。

まず、一つめは、目の前に何か問題がある時に、クリアーにする、払う、ガネーシャのマントラです。

オーム・ガーン・ガナパタエ・ナマハ

なんか日々の生活の中で､扉が開かないとか､何かスムーズに進まないことってありますよね。そんな時に、このマントラを使って瞑想するのです。

目を開けてても、閉じていてもどちらでもいいです。その問題について考えながらマントラを唱える。まずはこのマントラをお勧めしますね。

ふたつめは、自分にエネルギーや情熱を満たして、行動に移し、エネルギーを回していく。そんな時に使うマントラです。

それは陰と陽のエネルギーを回し、大地を回して、宇宙のエネルギーを受け取っていくマントラなのですが、これもすごいので、この用途にぴったり来る時に使ってもらいたいのです。

「ラー」は太陽（陽）エネルギー。
「マー」は月（陰）のエネルギー。
「ダー」は大地・地球の生命のエネルギーを受け取り、自分の中に取り込む。
「サー」は宇宙の生命エネルギーを自分の中に取り込んでいく。二回唱える。
「セー」と言って、ぐっと自分に引き寄せて、
「ソー、ハン」と言って統合する。

ラー・マー・ダー・サー・サー・セー・ソー・ハン

これいいのです。これだけでチャージされるのです。自分も元気になるので、朝「よし、これやるのだ！」って時に私は、よく使ってます。

アシュタール：この部屋のエネルギーをちょっと感じてみてください。すごいパワフルです。

恵子：いろんな瞑想のやり方を今日教えてもらったので、ぜひ瞑想やってみてくださいね。

【質問4】

地球と共生していくために、私たちはどのようなことができますか？「将来、人類は地球を離れることになる」と言う科学者もいますが、私はそうなってほしくないです。

アシュタール：

いい質問だ。

地球はとても美しい惑星だよ。

地球はユートピアだよ。

全宇宙を探しても、こんな星はないです。

他の生命体を見つけることはできるでしょう。だけれども、もう一つの地球を見つけることはできない。こんな惑星はないんだよ。だからこそ、この地球を愛してあげることが重要なんだよ。

科学者には色々な考えがあるでしょう。
私たちのような存在を信じないかもしれません。

この地球というのは大変美しく、いつも生き物が生息しているんだ。
この太陽が昇る、そして常にここに生命があるんだよ。

鍵となってくるのは、この地球を大切にすること、愛してあげること。
自分自身のパワーに気がついて欲しいのです。だってこのエコロジー、エコシステム、すごいじゃない。そのぐらいみんなには力があるということです。

地球のような惑星はどこを探してもないです。一つもないよ。

かけがえがないのです、他にないんだよ。だから、この惑星がどんなに大切なものなのかを想ってください。

恐竜の時代もあったし、それから氷河期もあったよ。大きな地震もありました。それから火山もあるね。土地が隆起してきたり、沈んだり。アトランティスは分裂したよね。でもまだ地球は存在しているんだよ。どこにもいかないよ。

そして、住むことのできる惑星として、ずっと存在し続けます。

私にはスターシードたちがいるんだ。

そのスターシードたちは、この地球にずっと生物が生きられるようにするために、その環境をキープするために来ているんだ。

みなさんにはお仕事があるのです。
あなた方の故郷である、この地球を大切にすること。
みなさんは自分自身で、この地球を自分のホームと決めてやって来たんだよ。

それでは、地球と共生していくためにどうしようか？
あなただけが、自分だけが、その答えを持っているよ。

私の光の子供たちよ。

間違いなくあなた方は、この地球の一部として、この地球を助けていくんだよ。そして、その一翼を担っているんだ。もしも、リサイクルすることしかできなくてもいいんだよ、できることをやっていってください。地球を大切にしよう。

たくさん、できることがある。

賢くあること、そこから始まっていきます。

今自分が何をしているのか、考えてください。

電気を使いすぎていないか、そんな風に考えてみたり、どんな風に動物たちを大切にしたらいいかな、それから子供たちをどんな風に可愛がってあげようか、そんなことを考えてください。自分が今、どんな行動を取っているのか。だって、ここがあなたのホームだよ。何をしていくの?

祝福します。

恵子：女神ガイア

私たちには聖なる約束があります。

それは、聖なる運命を継続すること。

私たちの完全なる愛の惑星、地球という女神ガイアが復活することなのです。

源であるあなたが、大切に、大切にしてきたものと同じものを、この地球で作ろうと、私たちが約束したのです。


私たちはその運命を辿って誕生し、あなた方を迎えるサポートを、たくさんの意識体から受けて、私という地球（ガイア）が成長していったのです。

私という生命体は、多様な次元の存在のサポートの中で生み出されたのです。

それは、あなた方一人ひとりも同じなのです。


私（地球）と共に生きることを決めたあなたの魂は、今、私と共にあることを自ら決断し、新しい運命の世界を共同創造していることに気づいてください。

それは、私たちが全て一つであるという関係性の中で生きることなのです。
すなわち、あなたは私であり、私はあなたなのです。

あなたが私の元で、この私を信頼し、あなたの命を再び生かすというその人生を選んだなら、私はあなたと共にあります。そして同時に、あなた方の自由意志というものを、私が尊重していることに気づいてください。

あなた方が、いかなることをしたとしても、私という生命体がなくなることはないのです。永遠の命の中で、私という存在は、遥かなる世界を旅し、そして次元シフトした私をもう知っているのです。

その私は、すでに源から知っていたように、あなた方も源からあなたが何者であるかを知っていたように、私と共に生きることを選んでみてください。

そして、私はあらゆる生きとし生ける者をなくしていき、同時に新たなる生命を誕生し続けているサイクルの中に、生き続けているのです。

新たなる生命が再び生み出され、あなたが未だかつて見たことのない生命が、私を通して生み出されようとしているのです。なぜならば、私は生きるという運命を辿っているからです。

あなた方が私と共に新たなる世界を共同創造していくならば、あなたの命を何よりも尊いものとして、まずは扱ってみてください。

そして、尊いものならば、私との関係性において、私を尊ぶそのあり方、そしてあなた自身が私を尊ぶならば、いかに日常を生きるかが変わってきます。

あなたは5次元シフトした愛の周波数で日常を生きることでしょう。そうすることで、全ての資源の使い道や、これより生み出されている、あなたがまだ見ぬ、限りない生命を永続させる私の存在が、あなたを通して発見されることでしょう。

そういう意味でも、あなたと私は運命共同体です。

どうか知ってください。
あなた方の進化のために、私は一切犠牲になっていないということです。

それは、人間的な分離の考え方であり、私という生命体は無限です。だから私は生き続け、永遠である愛の中で、私という存在をいかなる方法を通しても生き続けることを、あなたに見せ続けます。

そして、あなたは、過去も私を見ていたように、今も、未来も、あなたの魂は私を見つめ、そして私と繋がっていたその真実を、私は持ち続けます。あなたの中の愛に私が感謝しているように。

私の真実は、愛そのものであり、それ以外の何ものでもないのです。たとえ、人間の様々な行為を通し、人間の様々な解釈を通したとしても、私の真実は変わらず、この命は永遠のサイクルの中で進化し、あなたと共にあるものです。

祝福をあなたの元に。

【質問5】

強制的だと思える政治、憲法改正や北朝鮮との問題など、日本は今、どこへ向かっていくのかが見えないのです。今、日本はどんな渦中にいるのでしょうか。そして、私たちにはそれに対し何ができますか？

アシュタール：

たくさんの人がこういった政治のことを私たちに聞きます。

世界中で色々な混乱が起きています。カオスだよね。それを否定することはできない。

中東も、アメリカの大統領も。テリーは彼（アメリカ大統領）に関して言いたいことが色々あるみたいだけど、ちょっとここは黙っておくよ。

中国やロシア、北朝鮮もだね。そういった混乱がどこにでもある。

あなたの住むこの美しい国は、そのど真ん中にいるような状態だね。

だから、当然混乱が起きます。

この混乱が起こっていることには理由がある。

だけど、みなさんはこういった混乱に意識を向けることもできるけれども、愛に意識を向けることもできる、ということをまず知ってください。

どんな思考でも、思ったこと、言葉にすること全てがアファメーションになるということを、まず知ってください。

あなたが思ったこと、言ったことを、あなたが現実のものにマニフェストしているんだよ。

あなたが現実にしたいものは何なの？
愛や平和や調和でしょ？　間違いないよね？

北朝鮮は問題ですか？　はい、問題です。
中国？　そうだね。
アメリカも問題だなって思っている人もいるでしょう。
もちろん、それは問題だよ。

間違いなくたくさんの人が、あの赤いボタンを押したがっているのは事実であるから。だけど、何が彼らを止めているの？

命だよ。

彼らが簡単にコントロールできないのは、なぜなのか。だって、莫大な数の命がここにはあるんだ。無垢な人々、罪のない人々がいる。あなた方のように。あなた方こそが、あの赤いボタンを押させない理由です。

様々な報道やインターネットを探せば、いつでもああいった問題が載っていますよ。この醜いお話というのが隠されています。

けれどね、たくさんの思いやりや慈悲を持った者たちがいるのも、確かなのです。

人はみな、他の人のことを心配するでしょ？　大切にするよ。人はね、本当は国を破壊したいとは思っていない。この地球を破壊したいなんて思っていないんだよ。なぜならば、本当にそれがしたかったなら、もうとっくに破壊されているから。

日本は戦争をしたがってないよ。
アメリカだって、戦争したいと思っていない。
中国だって、北朝鮮だって、そんなことを望んでいないんだよ。
戦争したいなんて思ってない。
人を殺したいなんて、思っていないのです。

もちろん、北朝鮮のリーダーのことだってあったりするけど、でも殺したくないの。だって、みんな命が大切ですよ。
愛する家族をみんな欲しがっているのです。

今起こっているのは、学校の校庭で男の子たちがグループで押し合いっこをしている、そんな状態なんだ。ただ押し合いっこをしているだけ。

日本は戦争をしたいとは思っていないです。
インターネットを見ると、もしかすると日本が戦争へと向かっているという
ような報道があるかもしれないけど、でも違う。

みな、平和を望んでいる。そして調和を望んでいるよ。そして、みな愛を欲
しがっている。あなた方が望んでいるように、この惑星にいる全ての人たちが、
同じように望んでいるんだ。

ですから、あなたが考えること、言うことの全てが、あなたがアファメーショ
ンして現実のものとしているのです。

だから、あなたが現実のものとしたいのは、何ですか？
何をクリエイト（創造）したいの？　ということになるよ。

あなたは恐怖に意識を向けたいの？　それとも、愛に意識を向けたいの？

私だったら、愛にフォーカスしてよと言いたい。

もしかすると、今は少し怖い時代と言えるかもしれないけれど、みな愛と共に生きることができるでしょ。だって、今もこうして多くの人が私の話を聞いて、読んでくれている。


愛求めてそうしているんじゃないの？　そして、いわゆるこの全ての可能性をもって、ここで生きていくことを、もっと理解するためじゃないの？　こんな風に、みんなこういう世界を創ることができるんだよ。


宇宙の法則に「3の法則」というのがあります。

考えたり、言ったり、行動したりすることを3回繰り返すと、それは現実のものとなる。

私と一緒にちょっと練習してください。

アファメーションの最初は、「私は愛です」と3回言います。

「私は愛です」（3回復唱）
「私は愛と共に生きています」（3回復唱）
「私は豊かです」（3回復唱）
「私は家族を愛しています」（3回復唱）

もうそうなりました。
もうできたでしょ。もうやったんだよ、完了です。

祝福します。

恵子：　今、天照大御神が観せてくれている映画のようなメッセージをずっと受け取っています。

私たちは何人《なにじん》ですか？　日本人ですか？

いえいえ、私たちは地球人です！

そのアファメーションそのもので、地球の遥か彼方から約束された歴史のシナリオを、あなた方も描いています。シナリオ通りに今、それぞれの国々がその役割を担い、あなたは地球人の中の日本の魂をこの時代に持ちました。それこそ、全てが調和することを人生のシナリオとして選んだということです。

だからこそ、戦争は再び起きないことを知っています。もう犠牲者をどこにも出さないことを知っているのです。

そして、あなた方日本人のシナリオは、全ての地球人の代表として、日出ずる国に生まれ、もうすでに光の世界があり、全てが調和した世界を、あなたの日常を生きることから始まるのです。

すなわち、テレビを観て、様々なネットの情報を見て、恐怖ではなく光の世界、アシュタールが言っている愛の世界の選択を、分刻み、秒刻みで生きることが、日本人の役割です。

それをすることによって、新たなる次のシナリオがもうあぶり出されているのです。愛と光の世界で、この地球が照らされていく世界です。ここから始まっているのです。

この地球人の日本人の中から、この光の世界が始まっていくことで、まずは近隣の国々が目覚めていきます。なぜならば、私たちには同じＤＮＡが混ざっているからです。

あなたのその天照のＤＮＡが活性化された時に、あなたの動く周波数が近隣に影響を与えていきます。あなたが中国や韓国に旅をしたり、そばに行けば（実はここからでも届きます）、その周波数が全ての人々に多大な影響を与えます。このアジアから平和が始まるために今、様々なことが起きているのです。

だからこそ、あなた方が大和の国の天照の同胞団として立ち上がるのなら、光の言葉を放ち、先ほどアシュタールが教えてくれたアファメーションを日々自分の中で唱えてください。

たとえ、あなたが再び危険信号を見た時でも、それが真実ではなく、あなたは愛のアファメーションを唱え続けてください。あなたの放つ愛の光線には、そのネガティブなニュースをも書き換えるくらいのパワフルな力があるのです。

あなたが日本人としてこの時代に生まれて、日本人の大和の国の、天照光の同胞団の光のシナリオを、日々秒刻みで一瞬一瞬呼吸し生き続けることで、光の世界が到来します。

あなたの半径1mから、半径1kmから、光の世界の創造を始めてください。

あなたが繋がっている縁という流れの中で、あなたには中国人の友がいますか？　あなたには韓国人の友がいますか？　北朝鮮の在日のお友達がいますか？　その人たちのDNAを通して、全ての地球人が光の民として、この地球と共に生きている世界を復活させるのが、日本人の役割です。

だからこそ今、決して疑うことなく、決して恐怖を選ぶことなく、愛と一つの人生である光の日々をあなたが送ること、あなたが思い描く世界を、あなたが行動する世界で表すこと、それこそ、あなたにできる最もパワフルで影響力があることです。まずは個として、そしてコミュニティとして、そのことを描き続けるのです。

だからこそ、あなたは今この話を読んでいるのです。

あなたは間違いなく、勇ましく勇敢な光の戦士として立ち上がれます。そして、光の戦士は男女共のエネルギーを一つにした、育む光であり、行動する光です。

その戦いは戦いではなく、愛するというパワーを惜しみなく与え、惜しみなく受け取るという、光の循環の世界の、光の戦士のことを言っているのです。戦うのではなく循環するものなのです。

どうか、それを意識して、今、まずは愛である光をあなたの中で感じ、そしてまた、今ここであなたが繋がっている兄弟姉妹家族たちに、あなたの魂からその光を、愛を送ってみてください。

そして、今ここに存在している私たちと共に、日本中に、そして近隣国に、あらゆる地球の全域に光を放ってみてください。

あなたの魂に一つの地球儀を置いて、あなたの放つ光が、地球の隅々まで、北極南極にも、全ての地球の生命体が放っている光と共に繋がっていく、その真実を、あなたの魂の目で見つめてみてください。

あなたは天照の光の同胞団の一員です。そして今日ここで地球人として、私たちは光を放つ者として、今ここに共に存在していることに感謝します。

私はあなたです。そして、あなたは私です。

愛と光と共に、調和が今ここにあるのです。

アシュタール：

もう、あなたの家にあるテレビの電源を切って。

知りたくもない情報が流れ始めたら、すぐに消しなさい。

こういったメッセージこそが、あなた方が住むべき世界のメッセージです。

天照（アマテラス）はいつも真実を語る。愛を語る。そこにフォーカスしていくんだ。

あなたの住むこの世界で、愛より素晴らしいものがある？

自分自身を大切にする、家族を大切にする、あなたの国を大切にする、そういうことよりも素敵なことなんかないよ。

そして、その真実の中で、私たちのような存在があなたと共にあるということ、それを理解してください。いつもだよ。いつも。

どうか、先ほどのように地球をあなたの中に持ってください。そして、あなたが母親として子供を大事に守るように、まるで大切な子供を身ごもったように、この地球を安全に守ってあげてほしいのです。守護するんだ。その愛の手をもって。そして、平和な世界をクリエイトしていこう。

いつもあなたからそれは始まっていく。
あなた方はみな、この惑星のキーパーなんだよ。
地球を愛して、大切にして。そして養ってあげてください。
そうしていくと、どんな素敵なことが起こっていくか見ていてごらん。
そういった世界の指導者たちに、祈りを送ってあげてください。
どうか、いつも世界平和を一番に想ってください。

「世界が平和でありますように」と書かれた立て看板が時々あるでしょ。そんな風に、この世界を平和なものへあなたから創っていくのです。今ここから始まっていくんだよ。それは、あなたのハートから、私たちのハートから始まるんだ。

あなたの愛から始まるよ。

祝福します。

【質問6】

ソウルメイト（パートナー）に出会った時に、それがわかる方法はありますか？　そして、ソウルメイトやツインソウルと呼ばれるパートナーと出会えるかは、決めてきているのですか？　出会える人と出会えない人がいるのはなぜですか？　教えてください。

アシュタール：

ソウルメイトというものはもちろんあります。
ツインフレイム、はい、あります。
ツインソウル、ツインレイ、はい、あります。
ソウルファミリーもいます。

この地球にいる全ての人が、必ず誰かと繋がりがあります。

みなさん全員ソウルメイトはいます。


ツインフレイムというのは、少し違う。

ソウルファミリーもみなあります。間違いなく、全員にいます。

ツインというのは、またちょっと違うのです。


ソウルメイトというのは、過去世において、ソウルというレベルで一緒にいたことがある者です。

必ずあなたもそういう人と出会っていきます。

愛と共に、またあなたに会いたいわ、という風に。

永遠にあなたを愛すわ、というように。


「他にあなたのような人に会ったことがないの！」「あなたのような人はどこに

もいないの！」「愛してる！　あなたは私の全てです！」「ずっと一緒にいてくれるって言ったじゃない！　どうか私の元を去らないで！」という風になるのは、また新しいカルマになるからダメ。

ソウルメイトがいないって人なんていないです。

あなたは20人とか、あなたは10人とか、あなたは6人とか、4人だとか。今、現在のあなたの生活の中にね、ソウルメイトというのはあなたの兄弟だったり、お父さんお母さんだったり、もしかしたらおばあちゃんかもしれないし、もしかしたら恋に芽生えた人かもしれないけれども、それもソウルメイトです。

いろいろなレベルでソウルメイトはやってくる。もしかしたら、あなたの子供がソウルメイトかもしれない。

みなさん経験したことがありますよ。初めて会ったのに知っているような「え、どこかで会ったっけ?」というような人、絶対みな経験していると思います。出会った瞬間に友達になれるような人、それはソウルメイトなのです。

ソウルメイトはすごくたくさんいます。夫婦だったものがまた夫婦になる、というようなそんなことだけじゃないのです。

2つのスピリットが一つに統合されて、堅い愛の絆を結ぶ。

ペットがソウルメイトという場合もあります。想像してみてください。今から家に帰ったら子犬ちゃんを見て、「あ、もしかしてこの子と何かあったかしら?」もしかしたら猫ちゃんと「この子と過去に何か」というようなこともありますね。そして運命を感じちゃったら「だめだ、あの子を連れて帰るしかない」なんていう風になるかもしれないよ。

みんなソウルメイトはいるんだよ。

そして、ツインフレイムというのは、もともと一つのスピリットで、二つ炎（フレイム）があります。男性性と女性性について。

あなたの魂が「私は男性について勉強してくるよ」こっちは「女性について」というように。別れていっても、同じ時期に同じように生き、そして同じように成長して勉強していきます。そして、間も無く出会い、お話をシェアしたりします。

「私、これやったわ」「私もそれを経験したよ」
「私にはこんなことが起こったよ」「え、私もそんな風にしたわ」

そういう方と出会った時には、まるで一人の人間の人生のように、自分の人生が同じような波を描いていたことに気づき、そしてまた一つになるのです。

そして、男性と女性として、出会うという契約があった、という風にわかることでしょう。

だけど、その契約があったとしても、なにもそれは常に一緒に生きて、何もかも一緒にしていかないといけない、ということではないのです。

この契約を封印したら別れることもできるのです。そうすると、もう両方とも完全な状態になります。それはツインレイのようなもの。一つの光から地球へくる時に二つの光になる。

完全に自立したものとして生きていきます。

ツインレイは自分にもいる？　いるよ。

ここに一つのレイがあって別れて、そして暮らしている。


みな、パートナーを見つけることができますか？

はい、できますよ。

だけど、望まなくちゃ。欲しいと思わないと。

欲しいでしょ？

ベストフレンドですよ。


あなたの人生を高めるものであり、あなたの人生を変えようとしたり、整えようとする人ではない人ね。そしてコンパニオンです。

一緒におうちに帰るのが楽しいような人。

みんなパートナーに出会えますよ。持てます。

でも、望んでください。

たくさんの人が「どこに私のパートナーがいるのですか?」と聞いてきますが、私は「いつ欲しいの?」と聞きます。「どこに欲しいの?」とか。

みな「わかりません」と言うので、「それじゃ会えないよ!」「それじゃ、彼は現れないよ」と伝えます。

「私のパートナーはどこですか?」と言う時に「いつ欲しい」じゃなくて「今欲しい」と言ってください。

どうか、「今欲しい」と言ってください。今いなくても、だよ。

ある人がやってきて、その子にはパートナーがいなかった。「今欲しいのです」と言ったよ。そしたらね、6週間後には出会って結婚していた。いまだに彼女たちは幸せです。そんなことが起こるよ。

だけれどね、焦ることなく、自分自身の生活の中に余白というか、そういうルームを持っておく必要がありますよ。

そういった関係を持つこと、これは責任が生じることでもある。その関係性に責任が持てますか？

祝福します。

恵子：金星のヴィーナス

ソウルメイトなどの専門家・金星のヴィーナスに聞いてみます。

先ほどの最初の質問、「ソウルメイトに会ったらどうやってわかりますか？」。

それはもう、あなた自身が頭で「どうやったらわかるか」というところにいない時、ハートで会った時にわかるのですよ。

目が一瞬にしてキラって光って、運命の人だって思える、そのキラッという、それを信じてください。

頭で「あの人はキラって感じたけど、違うかも」と思ったら、もうわからなくなってる。でも魂と自分のハートのところで、そのバイブレーションを感じた時に戻ることが大事。

そこにいた時に、「あ、ご縁があるな」って思っているのに、後で頭で考えてアシュタールのところに行って「それはソウルメイトですか?」って聞く、そんなことをみんなするんだけど、それは聞かないで。

誰かと縁を感じた時には、その人に、神道の教えでは女性からアプローチをかけないほうがいいと教えているのですけど、今の時代は、男女が対等なエネルギーを分かち合う時代だからね、女性からでも「なんかあなたにご縁があるわ」って言って、向こうから誘ってもらうのを待ってみるとか。

そういう風に、具体的に、縁があると自分が感じたことを、素直にまずは自分がキャッチする。

そんなポジティブに感じる方向性と、今度は逆の方、「あ、なんか怖いな」って感じる時。実は、これもソウルメイトなのですね。怖いけど無視しないで。「いやいや、この顔の人は……」「背が低すぎるよ……」みたいな、そういうのじゃなくて。外見で嫌だなと思っても、なんかこう時差を置いて一緒の空間にいたら「なんか心地のいい人」って、そういう感じ。

要は、あなたのハートが羅針盤で、ちゃんと感じているので、そうやってソウルメイトは見分けられるの。

見分けられたら「この人はこういうソウルメイトだ」とすぐに決めることをせず、人生という流れ、エネルギーの移りゆく流れの中で、その人と時間を共にする空間を自ら作っていくの。そうすると、ソウルメイトとの流れの関係性がわかってくる、感じていくのです。

だから、感じなさいということ。頭じゃなくて、どうか感じなさい。

そして感じる中で、あなたという存在がどんな状態でいるかもキャッチしてください。

あなたがライフタイムで共にあるソウルメイトというのは、どんな時でも自分が心地よく、恐れがきても愛を選んで、あなたが相手にコミュニケーションできる、真のあなたの気持ちを伝えられる勇気を与えてくれる、そのゾーンにいる人です。

恐れは大抵、いろいろな過去世の関係性の中で、残念な別れ方をしたとか、裏切られたとかから来るのですが、それでもまた出会っているのは、同じループを回るのではなく、この時代においては全てを統合するために現れてくれているのです。

なので、そのゾーンまでなかなか来なかったとしても、ちょっと怖くて、ちょっと避けたいけど心地がいい人、そんな人は、だんだん深みが増してきた時に「怖いんだけど、実は気になるの」という言葉をあなたが伝えられるかが、鍵でもあります。それが、この人と本当にさらに深いレベルのソウルメイト同士になれるかの鍵なのですね。

要は、ソウルメイトが出会うことの目的は、完全にお互いの進化、お互いの統合、自分が何者であるかということを見せ合うためです。

だから、先ほどアシュタールが言っていたように、縁あり出会った人は、全員がソウルメイトであり、それぞれ果たす役割が違うのです。

共通しているのは進化、私たちは何者であるかを引き出し合い、築き、目覚めて、自分という存在が神として統合するために出会っているということ。この時代の特徴なのです。

そして、パートナーも同じです。

例えば、異性同士でパートナーになる人も、同性同士でパートナーになる人も、究極には、自分という神から逃げないために出会ってくれる人がパートナーになるのがこの時代の特徴です。

今は異性、同性のパートナーを持つ時代ですね。統合する時代です。離婚、結婚、離婚が多いのはそういう理由なのです。

ということは、恐怖を最初に感じるという方も多いかもしれない。

「こんな私を出したら嫌われる」というレベルを超えていくために、そこを超えてその人と関わり合いたいという、自分の愛の周波数のグラデーションを見て欲しいと、ヴィーナスは言っています。愛があるならば、恐れを溶かして、一歩踏み出していきましょうと。

だから、すでにソウルメイトと出会った人、まだ出会ってない人も、まずはあなた自身にどうか約束してほしいのは、まずソウルメイトと出会うことを決めることです。

そして、ソウルメイトの中でも、パートナーシップを通してお互いが神であると、お互いが神として目覚めることをコミットすること。

そのことを意識して、その周波数で、「私は神として（女神として）ソウルメイトと、今ここで出会います。そして、私は、恐れが湧き上がった時に気づき、愛を選択して、その人と共にあります」と。

あなた方が頭のみで考えることを、まずはストップしてください。

そして、ハートに入るために深い呼吸をして、常にあなたの周波数を上げ続けてくれるクリスタルのドームの中で、愛を十分に感じてみてください。クリスタルドームの作り方はもうわかりますよね？（15頁参照）

その人と一歩ずつ歩み、さらに紐解かれる自分という神が（女神が）、相手となるパートナーの神（女神）性と響き合う覚悟を決めていくことです。

それは、苦悩がなくなるということではなく、白馬の王子様ということでもありません。あらゆる二元性の中で味わった感情をも超越していくほどの、あなたに愛があり、絆を感じられるところに至るには（一瞬にして……テリーとパートナーであるブライアンの場合のように、磁石のようにくっつく場合もあるけれど）、人によっては時間をかけて到達する人もいます。それはその人それぞれが神（女神）として目覚めていくプロセスです。

あなたが、ハートに忠誠を誓い、そのソウルメイトと出会うということを決めたならば、それはもう始まっているのです。

だから、頭ではなくハートに落とし込んで、そして全身で、出会った人との縁を感じてみてください。

そう感じること、感覚がとても重要です。感じるということに、意識を当ててください。考えるのではなく。

私はあなたの手助けをします。

愛と美の世界は地球にすでにもたらされ、あなたは私との繋がりをすでに持っています。これからも持ち続けてください。あなたが空を見る時に、金星を見たら、あの輝かしい星をあなただと思ってください。

あなたは輝かしい神であり、女神です。

あなたはパートナーと共同創造し、この地球に和合をもたらす代表の神（女神）です。だからこそ、アシュタールが伝えたように、あなたにはパートナーが存在しているのです。

あなた方が、この時代にパートナーシップを育むということの意味は、とてつもなく偉大なことでもあります。この地球上において、分離の世界のシナリオを選んだのも、男女の分離を選び、男性優位、女性優位、それぞれの戦いが根元あるところからスタートしているからです。

そして、いよいよその分離を超越するワンネスの世界が、あなた方が男女の和合を遂げていくという流れの中で始まっています。パートナーシップは、それほどの役割を果たしていることを伝えておきます。

あなた方は、パートナーに出会う価値があります。

あなたの地球人として第一のミッションは、全地球人のミッションでもありますが「愛である」ということ。そして次のさらなるミッションというのは「男女の和合」です。

あなたの内なる世界の中で、あなたの中の男性性、女性性というパワフルなエネルギーを一つに統合し、神聖なあなたが神、女神となり、あなたの前に現れるソウルメイトに、敬意と愛と共に、真実のあなたをあなたに捧げるように相手にも捧げることが、真のパートナーシップです。それこそあなた方のミッションです。ワンネスの時代を担った、あなたが主役になるというミッションなのです。

真実の愛を、どうかあなたの魂で感じ取ることを、絶対信頼の中で始めてみてください。

ありがとう。

【質問7】

長年の男性の友人に、結婚してもなお私を諦められないと告白されました。奥さんもそのことをすでに承知で、結婚解消も辞さないという彼を変えられずに悩んでおり、ご夫婦と私と三人で話し合いを重ねています。

今では奥様とも友情が芽生えて、三人で占いに行ったら、過去世違う次元で師匠だった彼が、私を追いかけて地球に生まれてきたと言われました。既婚者との三角関係を望まないと、きっぱり二人にはお伝えしているのですが、宇宙の感覚でいる彼に地球のルールを強いるのは、私が間違っているのでしょうか。

アシュタール：

まずは一般的な回答をさせてください。

そのあとで、あなたの質問に答えます。

かつて部族とかで生活していた原始の時代のことです。自分の部族を健康に保つために、男性は第二、第三、第四の妻を持つという必要があったわけです。そういう意味では、一般的なものというルールを壊していったわけです。

やがて時が過ぎ、一夫一妻制の方がいいという風に考えられるようになった。なぜならば、奥さん同士が喧嘩するよりは、一人の方がいいだろうという風になった。だって、みんなヤキモチ焼くでしょう。「私のよ、私のだわ」っていう感じで。

やっぱり、簡単ですよね。奥さんは一人のほうが。一対一ねという風に。

宇宙的なレベルにおいても、一人の男性に一人の女性のほうがいい、という風になったのです。

ほとんどの哲学というものが、これに同意をしています。

第三者というものが夫婦の元に現れると、大抵何かを壊すことになる。三人ともが不幸です。

やはり、宇宙の法則に則って言うならば、私も一人の女性と一人の男性が理想であると言います。一人の女性対一人の男性という風で、そのままでいてくださいと私は思う。

だけれども、あなたがこのような状況の渦中に入っていったということは、どういう風に感じていたとしても、第三者としてあなたがこの状況に関わったのであれば、やはりその状況から自分を離していくこと。その状況に入っていかないことを選択するほうが賢明です。

もしかしたら、そうするためには、別の大陸が必要になってくるかもしれないけれど、だとしてもやはり、そこを離れてください。

夫と妻というのが元々歩むべきだった道というのを歩んでいくこと、そのことを許してあげてほしい。

あなたには直接言いますよ。

この三角関係の中にずっといる限りは、やはりその三人共にとって、大変居心地の良くない状態が続いてしまいます。

私は、その友情を壊せという風に言っているのではありません。だけれども、その場から立ち去って欲しいと言っています。

その夫婦に言ってあげてほしい。結婚生活をどういう風にするかは、お二人のことですと。だけど、私は第三者として、そこに関わる者ではないと。

誰かがもしかしたら傷つくかもしれない。傷ついたとしても、あなたがそれをなんとかできるようなことではないんだよ。

そこに夫と妻として存在している以上、そこから立ち去る者はあなたになってくる。

メールも電話も一切連絡を取らないこと。そうすると、二人がこれからどうしていくかということは、彼らが決めていきます。

もしかしたら、二人の関係というものを癒やして育てていくかもしれないし、もしくはそれを壊すかもしれないし、わからないけど。

あなたに対して言えることは、妻である彼女を、夫である彼から遠ざけることというのは、不可能だと思う。

そして、彼とあなたが関係をこれからも続けていこうとするならば、本当に正直に言うけれど、この関係にこれ以上関わらないこと。

その夫婦間に何が起こったとしても、それは夫婦にやらせておきなさい。

わかるね？

恵子：

金星のある部族は、一夫多妻、男性がいっぱい女性（妻）をめとるとか、女性がいっぱい男性をめとるとか、そういった制度の中にあって、もともとそこにいた存在たちは地球に来てもそれが普通の人がいるのですって。

だから、この地球上で作り上げた概念は通用しないから、別れることは難しいんじゃない？

だって、金星のその部族の常識で、新しい地球に概念を壊しにきているから。

あは！　って笑ってるの。私じゃないよ、ヴィーナスが。

「えー！　一対一？　一夫多妻？　何言ってんのよ、全部ありよ！　そんな社会を地球人たちも試したらいいいわ」って、ちょっとゲイっぽくヴィーナスが言っています。

その部族はゲイも受け入れ、レズビアンも受け入れ、レズビアン同士の多数のカップルもＯＫ。そういう世界があって、その世界から自分が地球にミッションを持って来ているのです。

自然の法則では、例えばドルフィン（イルカは一年を通して性欲があり、イルカ同士だけでなく、他の種族とも性を交わすことで知られている）だったら全部のパターンをやり尽くすとかあるんですけど、人間はちょっと自然の法則とは違うのですね。
あなたが自分で本当に愛からのミッションだと感じない限り、人は傷つくんですよ。こうしちゃいけない、ああしちゃいけない、という観点で別れると、また誰かが傷つくんです。

もし、愛の周波数の中で真実をあなたが探求するものであれば（真に何回も話し合っているのであれば）、本当に愛から、やっぱり三人でいることが心地いいと本当に思うならば、その関係性は今までの人間が作った概念を超越するような関係性が可能である。それは、実際に金星でやってたことでもある。

なので、地球人に告ぐ。
地球人により作り上げられた分離の中での法則というものは、変容し、変化していき、そして何よりも自然界が教えてくれる真理の法則をあなた方が培うことによって、真の男女の和合が成し遂げられる。

すなわち、男女の和合というのは、人間が作った和合ではなく、超越したレベルである。

金星の同士たちは、金星の魂たちは、実際に地球に来て、例えば女性二人で子供がいっぱいいるとか、世界でも、日本でも、すでにそれで成り立っている社会が実在するのです。

それに対して何が言えるかというと、ノンジャッジを教えられているのです、私たち。これが絶対だという法則はない。法則はどんどんと変化していきます。

だからといって、あなた方、地球人へ即座にそう変わりなさいと言っているわけではなくて、金星の私たちと繋がっている、金星人の魂を持つ者たちは、そういう部族から来ているということを知って、ただ「ああ、それもありか〜へえ〜！」というぐらい、あなたが無判断でいられるかどうか、それがあなたの八百万の神としての、ひとつ抜けていく、解放されていく道なのです。

あなたは無判断でいられますか？
今質問者の彼女のこの話を聞いて、無判断でいられますか？
無判断を教えにきているのです。

どんな状態であっても、あなたがどこまで受け入れ、同時に判断しているとしても、自分も責めないでください。

自分を責めないでいるというレッスンも、今日ここにあったのですね。

アシュタール：

アメリカのアリゾナというところには、そういう部族があるそうです。一人の男性とたくさんの妻。そういうことはあるよ。
ただ、ここでの法律は、一応一夫一妻制だからね。
だけれどね、今、恵子（ヴィーナス）が言った通り、そこにジャッジするものは何もないからね。それは、本当に個人の選択になってきます。

これがあなたの助けになったら嬉しいです。

まだ、ある一部の部族においては、そういったことについてまだ学びの最中である、ということも知ってください。

でも、気をつけてね。

【質問8】

地球がアセンションする時に、光の都市が降りてきて、私たちがその目撃者となるそうですけれども、目に見えないものを信じない方たちや、スターシードでない方々は、その目撃者にはなれないのでしょうか。

アシュタール：

彼らも目撃者となるよ。
そういう人でさえも目撃者となるよ。

質問者：

その風景が、私たちが景色を見るような感じで見えるのか、それとも第三の目で見るエネルギー的に見えるのかを知りたいです。

アシュタール：

その両方で全てを見るんだ。
もう少し、詳しく話させてください。

みな、そこにいますよ。信じるか信じないかは関係ない。
そんな風に今信じている通りです。

地球が5次元へと上昇していく時、そこにいるみながが光になっていくということ、この肉体をもって一緒に体験をします。

その時には、闇というものは存在しなく、光だけがある。全てのネガティブはなくなります。

みな、それぞれの光のパターンによって生きていきます。

その時に何が起こるかというと、いわゆる「信じない人」というのが存在しなくなるよ。

みな、自分自身のマスター性の中で、啓発的な「自分が光になっていく」ことを体験します。その光の存在を、全員が歓迎することになる。

素晴らしいよ。

恵子：大天使ヘルメス

シリウスの光のリーグというのがいるのですけど、その中で、大天使ヘルメスという、すごい大きな光のゴールドの羽を持ってる存在が来ています。

私たちはまず、セドナのカセドラルロックに、光の都市をエーテルレベル、フィジカルにある直前のものを降ろしています。

ドルフィンスターテンプルの光の都市というのが、シャスタのシャスティーナ側にあって、それもエーテルレベルで、もうグラウンディングされているのです。すごく近いんですよ、肉体レベルに。

ということは、皆さんが行って実際に第三の目ではもう見られる状態。そして、写真を撮った時に、薄い透明の光の都市が見えたり、映ったりするのです。みなさん、これは絶対行ったほうがいいと思います。光の都市の初期の目撃者となるのが、皆さんのようですね。

もうすでに降りているし、粒子で見えてくるのです。素粒子みたいな形で、だんだん形になってきて、ここだってわかってくる。

そして間も無く、近い将来、肉眼で見たという人が増えてきます。

本当に肉眼を疑わないでください。

今すでに、いろいろなシンボルが目に入ってきている人もいるのです。そのシンボルとは、無関係なものではなく、あなたへのメッセージです。

それを解析するために、やっぱり瞑想が必要なのですよ。瞑想した時に「今の何？」という念を絵に描いて、ずっと見ていると、だんだんポワーって立体的になってくる。

Eメールもどうやって繋がっているかわからないですよね。あんな感じで、宇宙から「あなたはこれ」というメッセージが来て、「ああ、そうね」ってフッて受け取れる。

そんな時代ですからね、今は。

アシュタール：もう始まっていて、今言ったセドナやシャスタだけではなく、ルクソールやピラミッドの辺りでも、少しずつエーテルレベルでは行われていることだよ。

質問者：何年後ですか？

アシュタール：完全なる光になる時？
それを聞いているの？

質問者：はい

アシュタール： 完全な光になるには、今すぐに全員が行動を変えていかなければ、５００年以上はかかりそうです。自分自身を信じることだったり、愛を信じること。そういうものが必ず必要になってくることだからね。

質問者： 光の都市の目撃者になれるっていうのは、何年後なんですか？

アシュタール： あなたのこと？　あなたはこの人生が終わるより前に、目撃者になると思うよ。あなたは私のアースエンジェルだからね。だから、見えるよ。

質問者： 生きている間に見られるってことですか？

アシュタール：

あなたはそうなる。あなたならきっと、みんなに「見てみてほら、光の都市だよ」って言っているよ。

【質問9】

人間としての肉体の制限というものに、ものすごく葛藤があります。

例えば、幼い時からの体質とか、病気によっていろいろな行動が制限されてきたことがきっかけで精神世界に入って、いろんな癒やしや学びをし成長してきたつもりです。ただ、やはり、肉体の限界を超えられないというところが自分にとって一番ハードなところで。

ハートに聞いてみると、本当はもっと制限を外して、身体をいろんなところに連れていったり、いろんなことをしたいんだけれども、それが限られてくる。それは、自分が本当に望んでそうしているのか、それともそこを超えたいのかというところの攻め際で、ものすごく葛藤があって、たまにどうしたいのかがわからなくなるんです。

この制限の中で自分を表現していきたいのか、それとも制限を超えて、行動範囲を広げて活動していきたいのか。同じようなことで悩んでいるのは、私だけではないと思うんです。どうすればいいのか教えてください。

アシュタール：

あなたが住んでいるこの惑星というのには制限がある、それは確かだね？すごく重いけど、すごくいい質問をしてくれてありがとう。とても正直に話してくれたね、祝福します。

地球というところには制限があるよね。

その制限は、自分自身が自分にかけているものだよ。これはみんなに言えることだ。あなたが自分でこの制限の中に生きることを決めているんだよ。

先ほど言ったように、翼を付けて飛ぶことはできないように（パラシュートがあるならば飛んでもいいけれど）、この地球には制限があります。

だけど、あなたがこういった制限を、どのように見るかということが重要になってくる。

それをチャレンジととるのか、制限の中でやり方を見つけてみるのか。その制限を見て「試練が勝っていく」と思うのか。立ちはだかる制限に出会った時に、「いつも制限がある世界が勝つ」と見るのか。

それとも、「私は十分に愛を持っている。愛はいつも勝つ」と見るのか。私にとっては「この制限の中では、いつも私が勝つ」と信じるのか。

あなたは今まで、扉の前に立ったことがありますか？

どんなに押しても開かない扉の前に立ったことがありますか？

どれだけ押しても開かなかったのに、引いたら開いたという経験はありませんか？　押し続ける以上、そこには制限があります。それは間違いなく。

だけど、そこに立った時に「押すんじゃなかったんだ！」って、引いたら魔法のようにスッと開くことがあるでしょう？

ですから、「この制限のある世界」というものだけを見るのではなく、「この制限のある世界で、いかに自分の欲しいものに辿り着くか」という自分を見なさい。

壁（制限）の前に来た時に、時間をとって瞑想をするなり、遊ぶなり、考えるなりして、「前に進めない」のではなく、「自分自身の道がそこにある」という風に自分でやっていくのです。

制限から自由になるために、あなたがこの惑星を離れる、ということではないよ。そんなに早くこの惑星を離れていくことは、あなたにはできないよ。

あなたはこれから、そういった開かなかったように見える制限の扉を、どんどん開けていく。その開け方をあなたはこれからどんどん見つけていくよ。

そしてあなたは進んでいくよ。

引くにも、その扉が重すぎたら、助けてくれる人を見つけなさい。

そしてその扉を、とにかく超えていくんだ。

恵子：大天使ヘルメス

シリウスの光のリーグの大天使ヘルメスがね、あなた方はまだ知らない、限界だと思っているけど限界じゃないことを、たくさんディスカバーするために、あなたのＤＮＡがあるんだと言っています。

そして、あなたが身体の制限を感じて生まれてきて、その制限を超えて、今があることを体験したわけですよね。

まだまだ制限があったとしても、その制限を持ち続けたストーリーで生きるのか、制限を超えたあなたを見て生きるのかで、あなたのＤＮＡ、脳の活性化度合いが変わるんです。

どちらを選びますか？

この科学ではまだ証明がつかないＤＮＡと脳の領域が人間にはあります。人間には、人間という神が自分に残したミステリー、そのミステリーは制限を更に上回る、無制限な自分を発見するために宿したものだと言うこともできるでしょう。

ということは、あなたが過去のストーリーで生きる限り、制限は制限のままである。しかし、制限を通り越した自分を見た時には、そこにはどんな制限を外した自分が生きているのか。

その世界はあなたが、未来ではなく、あなたの内側から引き出しているもうすでにあるものなんですよ。

だから、過去からの制限だらけの自分というストーリーは、もう既にエンディングにきているから、そこには「バイバイ」と言ってください。

そして、あなたのその扉を開けたのは自分ですよ。

扉をヒュっと開けた時に、「あら、なんだ」と言う、キラキラ輝いたあなたが私には見えるんです。

「その自分で生きる」って決めなければ、それは起こらないわけです。今迷ってるから、あっち行ったりこっち行ったりしちゃう。

自分が「この地球上で生きる」と決めた。

そしたら、愛の周波数で生きた自分が、「どんな可能性の自分があるか」ということを決める。その可能性は自由自在なんです。自由自在に描いていいんです。

その中で、あなたの最大のストーリーがもうあって、その最大のビジョンで描いたストーリーが降りてきて、最初は粒子ですよ。振動ですよ。でも、振動の中に高周波もあって、今の身体の限界を超えていくようなことも起こってくる。そして、「あ、私これ！」ということが見えてくる。感じてくる。それが理解できる自分に出会えると言われています。

そこを生きるかどうかは、決めたほうがいいんです。

これは、皆さんにおいてもそうなんです。

何の限界があるか、お金ですか？　家族ですか？　いろいろな限界を、今、自分で作ってますけれども、それはただのシナリオの一部ですよ。

だから、あなたがまだ見てないシナリオのページを開いたら、「お～！」みたいな展開もありえるんです。選んでないだけで。

それはなぜかというと、古いストーリー、シナリオなんです。

でも、それ以外にも、瞬時に目覚める自分というのがいるんです。というか、もともと目覚めているのに、忘れることを決めて、今存在しているだけなんです。その目覚めている自分と繋がっているんですよ、ディバインセルフで。

だから、そこを選び、日々のあなたのライブな愛のそのグラデーションの周波数を、実際に生き続けて、まだ見ぬ自分の可能性を開けていてください。

これ嫌だったら次、ハイ次、ハイ次、これ！ というくらい今速いんです、本当に。

だけど、自分の意識が自分を制限付けているだけ、と言っています。

なんかね、「一緒に羽ばたく時が来る」って。自分がまだ飛ぼうとしなくていいけど、羽ばたいている意識の自分でいてくださいと。あなたのその大きな羽根は、地球上で足をつけた時に、飛ばない自分を決めて引力を選んだだけです。でも、違った形で、この二本足で地球で歩くからこそ実現できることがたくさんあるように、どうか私たちをもっともっと使ってください、と。

私たちは、もう待ち続けて、ずっと望み続けているんです。あなた方と共に共同創造することを。もう見て見ぬふりをしないでください。

私たちがあなたを知っているように、あなたは私を知っています。だって、父方のＤＮＡを司っている、シリウスの仲間だよ。

アシュタール：

あなたはその開かない扉の周りを、幾度となく何周もすることももちろんできますよ。そういう風にぐるぐる回っていると、このサイクルの中にハマってしまうのです。

どう？　あっち側に行くたびに、素晴らしい日の出が見えるの。

自由意志を使っていきなさい。自由意志なんだ。

その扉を開けていくんだ。そして、この日の出のほうに行け。
だって、あなたにだって自由意思がある。
そこに行くんだ。
そして、新しいことを始めていきなさい。
あなたにはその能力があるよ。
そしてあなたには願いもある。
そういう風に質問をしなければ、あんな質問をしないだろう?

だから、このサイクルからもう抜け出しなさい。
なぜならば、あなたの真実の意思がそこに居たくないと言っている。
あなたはいつも日の出を見たがっているよ。

あなたのストーリーを変えていきなさい。
あなたが考えること、すること、言うこと全てが現実のものとなると言ったはずだ。あなたは選択ができるんだよ。それはあなた次第だ。このストーリーを変えていこう。そしてあの日の出の見える場所へと入っていくんだ。

わかるね？

恵子： これは全員に言えることですね。制限が肉体ではなくて、考え方とかね。

【質問10】

身内で叔父とか叔母とか、距離のある方には比較的穏やかに対応できるのに、自分の母とかパートナーには割とすぐイライラしてしまいます。「私は愛である」って思ったりもするんです。でも、例えばパートナーの親に何か言われたりすると、「ま、そんなこと言わないで」って、穏やかに対応できるんですけど、自分の親に対しては「そんなこと言わないで！」みたいな感じに邪険になってしまいます。

本当は母を大事にしなきゃいけないし、したいと思っているんですけど、ついイライラしてしまうと邪険に扱ってしまって。どうしたら優しく穏やかになれるんでしょうか。

アシュタール：

「人間」へようこそ。

みんなあるでしょう。

あなたが一番一緒にいて居心地のいい人といると、とっても怒りやすい、イライラをぶつけやすい。

丁寧にあることというのは、もちろん教えられてきていて、あなたがそういう風に丁寧に振る舞うと、周りの人も丁寧に扱ってくれるでしょ？

そういった新しい関係性は、お互いが尊重し合う関係。

新しく出会った人とは丁寧に話し合える。もしもあなたがラッキーだったら1年くらいはその関係を続けることができるだろう。

私がオススメしたいのは、もしも怒りやイライラした気持ちが自分の中にあると気づいたら、少し身体を動かすことをしてほしいのです。自転車に乗ったり、ジムに行って身体を動かすとか。そして身体を動かしたら、家に帰る前にもう一度、「この人たちは、私のことを愛してくれている」と自分に言い聞かせて、そして家に帰りましょう。

外にいる人たちは、あなたのことを愛さなくていいから、だからあなたに対して丁寧でいられるわけですよ。

自分のサークルの中にいる人たちは、とても簡単に爆発したりできるのです。こういう状況の中において、自分がどんな風に扱われたいかということを、まず考えてほしい。

例えば、自分の夫が今日すごく嫌な一日を過ごしてきて、そして家に帰ってきたとする。彼が帰ってきた時に、私は彼にどういう風に扱われたいかを考えてみてください。

例えば、お母さんは一日中家にいて、誰とも話し相手がいなかったとする。悲しくて、少し落ち込んでいるかもしれない。私は彼女にどういう風に扱われたいかを考えるのです。

あなたがどういう風に接しられたいか、ということを最初に考えるのです。あなたが怒りたいと思ったのであれば、あなた以外の人が先に怒ることを見つけなさい。

いじめというのは、絶対だめ。
誰であろうが、何であろうが、どこの場所だとしても、絶対にだめです。
精神的にも感情的にも、肉体的にも、絶対にだめです。

もしもあなたがとても怒りたい気持ちになったとして、自分が何か嫌なことをされて怒りたいとなった時には、自分自身に立ち返って、瞑想をして、自分の中にある静寂な場所へと自分を戻し、そして時間をとってから、先ほどの状況に戻っていきなさい。

すごく嫌な一日があったら、家に帰る道の神社やお寺で、少し時間をとってお参りしてみてください。そしてその時に、自分の中にある内なる力というものを感じてください。

家族と共にある自分という存在に気がついてください。そして、幸せな時間について考えてほしい。それから、家に帰るんだ。

よっぽどその方が気分がいいよ。

恵子：聖母マリア

今ちょっと一般的に答えてくださいと言われているんですね。身近な人、関係が深まった人に対して、なぜ優しくできない状態が起こるのか、怒ったりとか。

聖母マリアが来て言っています。

あなたが真に何者であるかという、その自分軸の中で、あなたの中にはいろいろな感情のバロメーターができています。

真のあなたは、愛情深く、愛に満ち、神であるあなたを知っていて、完全にこの世界が「不完全の中でも完全である」ということを知っている。

あなたは既に目覚めた状態であり、あなたが人間を通して味わっている、体験としての感情というものを通して、あなた方は単に大いにアップダウンを体験しているにすぎないのです。

しかし、軸である「あなたが神である」というところから見ると、「私という神が余裕がないイライラしている自分を体験しているのだ」。要は、神の視座であなたが今、生きる時代がやってきていることに気づいてください。

その神の軸、女神軸で生きている時にも、もちろん人間の感情はあなたにつきまといます。しかし、あなたがその感情をどのように、その時、その状況、関係性の中で、表現するかということが、神の視座で生きたならば、完全に変容していきます。

すなわち、神であるあなたが人間を体験し、相手に対して使う言葉も変わってくるのです。

あなた自身が人間を100%体験した時には、その軸から外れて、エゴをまとった人間のマインドとハートの中で、「こうして欲しかった、ああして欲しかった、こうしなかったじゃない、なぜ今しないの」というような凄まじい分離のあなたに戻っていきます。

だけど、今まさに今日を通して、あなたが愛という神の軸、あなたが絶対信頼という、あなたと共にいたならば、その感情さえも、あなたがシフトするチャンスを見出すことができるのです。

全存在があなただと知った時に、母親のその一言が、あなたが刺さったと感じたその瞬間に、私があなたである世界の愛に変わったら「お母さん、疲れてたんだね。私もだ」という言葉に変わります。

パートナーとの関係で「こうして欲しかった、ああして欲しかった」という期待を持っていた私がいたことに気づき、「お願いがあるの、甘えていい?」という言葉に変えることで、愛の軸線に徐々に関係性の中で戻っていくことができるのです。

あなたが人間でありながら神であるという自分を見ること、一瞬一瞬「神である」軸線で生きていくという体験を増やすことで、あなたがこの社会で変容を促している神の意識をもって、人々とのさらなる深い絆が結ばれていきます。あなたのパートナーが神であることに目覚め、あなたの母があなたと同質の神であるということを気づいた時に、人間事というものが特にあなたにとって体験にしかすぎないことに気づくのです。

そして感情は移りゆき、それを目撃する時がやってきたので、あなたが今その質問をしているのです。

なので、パーンってそのストーリーに入るんですよ。その感情の時は。「またやった！」とかね。でも、そのストーリーさえも神の視座の私からしたら……抜ける方法が一つあるんですよ。

「怒ってる自分？　は！　ちゃんちゃら可笑しい！」

「ちゃんちゃら可笑しいって言え」ってよく言われるんですよ、私が怒ってる時に。それがマリア様の声とは思えないくらい、彼女もすごい可笑しいんです。

ベツレヘムに行った時に、マリア様がキリストにおっぱいあげてる絵をみたんです。おっぱいポロンと出して、ほら！　みたいな。本当にその絵があるんですよ。本当は私はこうなんです、と。「ホンマもんのマリア様？」って言ったら「その通り！」って。

マリア様流子育てとは、誉めよ、讃えよ、ユーモアを。って言ってるぐらいなんです。

だから、このユーモラスなマリア様が、実は私たちが神の子であることを、育てる時にはユーモアがあることを覚えておいてねって。言っています。

人間であった彼女は、そこが大事だと。生きる中で、苦悩はいっぱいあったけど、自分のことでユーモアを持つことが、その時代も非常に救われたということを言ってます。

ありがとうございました。

――現代日本人へ伝えたいこと　エピローグ

アシュタール：

ああ、なんと素晴らしい生徒たちだろうか。

みんなが先生と言える人たちだ。

皆さんは私たちのことを見て、先生とか講師と見ているかもしれないが、私たちはあなた方の生徒でもあるんだよ。

私たちはあなたに英知を与えたかもしれない。

同じように、あなたが私たちに英知を見せてくれている。そして、私たちに教えてくれているんだ。

私があなた方に残したいもの。

それは、あなた自身を信じることです。そして、愛すること。あなたの存在を信じること。あなたはとてもパワフルなんだ。みな、力というものを信じている。そのぐらい自分はパワフルだということです。

あなた自身を信じてほしい。そして、ハートから生きてください。
私たちはあなたと共にあるよ。離れることはない。

私たちはいつもあなたたちと共にある。
だから、愛であってください。そして、愛が育っていくのを見ていきなさい。
愛の美しい種が開いていくんだよ。あなたの愛の庭を育てなさい。
すると、素晴らしいことが起こってくるよ。

祝福します。

恵子：女神ガイア

これより先も、今も昔も変わらず、私たちは共にあることに、何も変わりがないのです。私は存在し、あなたが存在し、あなたと私は源で創造されたという、その真実があるのです。

そして、その存在として私たちはいよいよ共に調和を育み、進化を共にしていく家族として、どうかあなた自身が私の家族であるということを思い出してみてください。

同時に、あなたが神であるように、私が神でもあるのです。

共同創造主としての共同創造神の私たちが向かっている先は、あなたが夢見た懐かしい故郷です。

私たちはそれぞれ共にいて、描いたビジョンは今も変わらず、黄金の世界の中で、黄金の光の都市をこの地上に降ろし、自然界と共に、多次元と共に、見事に美しい歌を奏で、見事に統一され、愛そのものが形となった地球を目撃しています。

私はあなたである限り、あなたが今再び自然界を通して、美しい私を見て微笑み、愛を思い出し、私を愛でるように、私はあなたに引力と名において、私の5次元シフトした愛の生命エネルギーを届け続けます。

どうか、一歩一歩歩くこの大地を感じ、私があなたと共にあるということを感じてください。そして、あなたがどのようなことをしたとしても、あなたがどのような人生を選んだとしても、私はあなたを愛さずにはいられないのです。
それが私の真実です。

どうか、あなたが愛されているその世界で、愛を受け取り、そしてまたあなたが愛することを選んでみてください。

私たちは共に進化する母船、地球号で一つです。

あなたを大切にするあなたに、私は愛を届け続けます。そしてあなたが愛の周波数をこの世界で広げ続け、無限なるその愛の世界を共同創造していく仲間と集い、愛の言葉を発し、愛の行動を示し、私と共に今ここにいること、そして、喜びと笑いと感謝とともに、思う存分あなたが自由意志を発揮して選んだ道を共に歩んでいくことを、私は望んでいます。

それが私たちの運命共同体である、偉大なるディヴァインディスティニー（神聖な運命）です。

私の変わらぬ愛をあなたの元に。

そして私は、あなたの変わらぬ愛に感謝します。

愛と感謝とともに……

アシュタール：

美しい愛の子供たちである。

そろそろ行かなくては。

私は金星の言葉を時々使うよ。「アンダンテ」、これはどういう意味かというと、愛の歩みの中で、優しく歩いてくださいという意味です。

祝福します。アンダンテ。

fin.

穴口恵子（あなぐち けいこ）

スピリアルライフ提唱者、株式会社ダイナビジョン代表取締役。

スピリチュアル（目に見えない世界）とリアル（現実）を統合して、日々の生活のなかで実践するスピリアルライフを通し、誰もが無限の可能性を開き、人生のバランスをとりながら幸せで豊かに生きることを提唱する。

現在、日本でスピリチュアルスクールやショップの運営、セミナー事業等を行うかたわら、聖地として名高いアメリカのシャスタ山でもショップを運営している。特に、スピリアルライフをサポートするセラピストの育成に力を入れており、オリジナルのヒーリングやチャネリングメソッド、瞑想法、認定コースを全国で開催、アントレプレナー育成を積極的に行い、これまでに著名なスピリチュアルリーダーなど2000名以上のセラピストを輩出している。

世界中にスピリアルライフを広めることで、世界平和を実現することを目標にかかげ、年間の2分の1を海外の聖地で過ごし、スピリアルライフを楽しみながら、執筆・セミナー活動を行っている。「年の半分、海外の聖地をまわる社長」としても知られ、経営手法は独特である。自分の枠を外し、楽しみながらスピリアルな生き方で可能性を開きたいと思う人たちに勇気を与えている。

著書に『叶える力』（きずな出版）、『1日3分瞑想してお金持ちになる方法』（光文社）、『魔女入門』（きずな出版）『まんがでわかるお金と仲良しになる本』（イースト・プレス）、『人生に奇跡を起こす「引き寄せ」の法則』（大和書房）、『あなたにもできる！スピリチュアル・キャリアのつくり方』（廣済堂出版）など多数。

公式ブログ　https://ameblo.jp/keikoanaguchi/
株式会社ダイナビジョン公式HP　http://www.dynavision.co.jp/

テリー・サイモンズ (Terrie Symons)

アメリカ・オレゴン州生まれ。

オレゴン州立大学の家政学科を卒業し、15年間の公立学校教諭の経験を通して、人間の発達への深い理解を得る。中学や高校、成人の教育、さらに特殊教育にも携わったことにより、人間発達により深い理解を得る。家庭環境や子供の発育、対人関係や人間発達に関して指導できるスクールカウンセラーでもある。また、牧師への道を志し、セドナのメタフィジックス・ユニバーシティ、真思想牧師学博士号を取得。1996年に国際形而上牧師学の任命牧師となる。

1990年にあるスピリットが彼女の元に降臨、ライトワーカー、トランスチャネラーとしてスピリットを降ろす能力に目覚める。非常に多くのスピリットがテリーとコンタクトを試みるも、メッセージをくれるのは1人の存在に限るよう、テリー本人が願い出たところ名乗りをあげたのが、「アシュタール」である。

地球とコミュニケーションを取りたいと願うスピリットたちの代弁者としてアシュタールとのコンタクトが開始。そのメッセージは地球人に大いなる啓示を与えつづけている。テリーは他の光のスピリットともコンタクトを取ることができますが、全てアシュタールの光と神の扉を通して語り掛けてきます。

トランスチャネラーとしての能力を活かし、スピリットからのメッセージと波動（エネルギー）を伝え、人々が過去を理解し、可能性や夢のゲートを開くことによって、より良い人生を見出していくサポートをすることに使命感を持って、世界中でライトワーカーとして活動中。

装丁／冨澤 崇（EBranch）
編集・校正協力／大江奈保子
編集・本文design＆DTP ／小田実紀

アセンデッドマスターより、光のメッセージ

初版1刷発行 ● 2020年5月22日

著者
穴口《あなぐち》 恵子《けいこ》　テリー・サイモンズ

発行者
小田 実紀

発行所
株式会社Clover出版
〒162-0843 東京都新宿区市谷田町3-6 THE GATE ICHIGAYA 10階
Tel.03(6279)1912　Fax.03(6279)1913　http://cloverpub.jp

印刷所
日経印刷株式会社

ISBN 978-4-908033-71-1　C0011